"通古察今"系列丛书

梁启超论中华民族精神

郑师渠 著

河南人民出版社

图书在版编目(CIP)数据

梁启超论中华民族精神 / 郑师渠著. —郑州：河南人民出版社，2019.12(2025.3重印)

("通古察今"系列丛书)

ISBN 978-7-215-12035-8

Ⅰ.①梁… Ⅱ.①郑… Ⅲ.①中华民族-民族精神-研究 Ⅳ.①C955.2

中国版本图书馆CIP数据核字(2019)第270910号

河南人民出版社 出版发行

(地址：郑州市郑东新区祥盛街27号 邮政编码：450016 电话：0371-65788075)

新华书店经销　　　环球东方(北京)印务有限公司印刷

开本　787mm×1092mm　　　1/32　　　印张　5.75

字数　80千

2019年12月第1版　　　　　　　2025年3月第3次印刷

定价：52.00元

"通古察今"系列丛书编辑委员会

顾　问　刘家和　瞿林东　郑师渠　晁福林
主　任　杨共乐
副主任　李　帆
委　员　(按姓氏拼音排序)

安　然　陈　涛　董立河　杜水生　郭家宏
侯树栋　黄国辉　姜海军　李　渊　刘林海
罗新慧　毛瑞方　宁　欣　庞冠群　吴　琼
张　皓　张建华　张　升　张　越　赵　贞
郑　林　周文玖

序 言

在北京师范大学的百余年发展历程中,历史学科始终占有重要地位。经过几代人的不懈努力,今天的北京师范大学历史学院业已成为史学研究的重要基地,是国家首批博士学位一级学科授予权单位,拥有国家重点学科、博士后流动站、教育部人文社会科学重点研究基地等一系列学术平台,综合实力居全国高校历史学科前列。目前被列入国家一流大学一流学科建设行列,正在向世界一流学科迈进。在教学方面,历史学院的课程改革、教材编纂、教书育人,都取得了显著的成绩,曾荣获国家教学改革成果一等奖。在科学研究方面,同样取得了令人瞩目的成就,在出版了由白寿彝教授任总主编、被学术界誉为"20世纪中国史学的压轴之作"的多卷本《中国通史》后,一批底蕴深厚、质量高超的学术论著相继问世,如八卷本《中国文化发展史》、二十卷本"中国古代社会和政治研究丛书"、三卷本《清代理学史》、五卷本《历史文化认同与中国统一多民族国家》、二十三卷本《陈垣全集》,

以及《历史视野下的中华民族精神》《中西古代历史、史学与理论比较研究》《上博简〈诗论〉研究》等,这些著作皆声誉卓著,在学界产生较大影响,得到同行普遍好评。

除上述著作外,历史学院的教师们潜心学术,以探索精神攻关,又陆续取得了众多具有原创性的成果,在历史学各分支学科的研究上连创佳绩,始终处在学科前沿。为了集中展示历史学院的这些探索性成果,我们组织编写了这套"通古察今"系列丛书。丛书所收著作多以问题为导向,集中解决古今中外历史上值得关注的重要学术问题,篇幅虽小,然问题意识明显,学术视野尤为开阔。希冀它的出版,在促进北京师范大学历史学科更好发展的同时,为学术界乃至全社会贡献一批真正立得住的学术佳作。

当然,作为探索性的系列丛书,不成熟乃至疏漏之处在所难免,还望学界同人不吝赐教。

北京师范大学历史学院
北京师范大学史学理论与史学史研究中心
北京师范大学"通古察今"系列丛书编辑委员会
2019年1月

目 录

前　言 /1

一、梁启超的中华民族精神论 / 3

（一）"民族精神"一词的缘起与梁启超对中华民族精神内涵的把握 / 4

（二）民族主义、爱国与民族精神 / 17

（三）"中国魂安在乎" / 36

（四）结语 / 47

二、梁启超的爱国论 / 50

（一）从《说群》到《爱国论》/ 51

（二）爱国与救国 / 60

（三）爱国与"国民之自觉" / 71

（四）结语 / 92

三、梁启超与欧战 / 96

（一）从著书唤起国人对欧战的关注到巴黎和会的振臂一呼 / 97

（二）反省西方文明与揭出"中国人之自觉"的时代课题 / 110

（三）对晚年梁启超的再认识 / 124

四、欧战后梁启超的文化自觉 / 127

（一）《欧游心影录》与"中国人之自觉"命题的提出 /128

（二）思想的"绝大之革命"：服膺反省现代性思潮 /135

（三）新文化主张的个性 / 143

（四）文化自觉：战后国人思想解放的一个重要向度 /163

主要参考文献 / 170

前　言

梁启超是近代著名的启蒙思想家，他对许多问题的见解，尤其是关于中国历史文化的看法，不乏卓识，历久而弥新。强调爱国主义教育与弘扬中华民族精神，是当今社会的热点。在近代史上，梁启超是最早揭出这一时代课题，并作了系统阐释的重要思想家。本书收入的《梁启超的中华民族精神论》《梁启超的爱国论》两篇文章，对其思想作了全面系统的考察与研究。不难看出，他的许多观点仍值得我们今天认真加以借鉴。本书后两篇文章《梁启超与欧战》《欧战后梁启超的文化自觉》，从表面上看，似乎与前面的主题无涉，实则不然。晚年的梁启超曾被说成是在思想上走向了复辟倒退，由原本倡言学习西学，转而变成了反对西方文明，而力主传统文化；由一个主张革新者，变成了一个反对新文化运动的顽固者。这实际是误读了梁启超。由上述两文所述，可以看出，以欧战为转变点，梁启超晚年的思想发生了重要变化，此种变化不是倒退反动，而是在重新审视中西文化的基础上，转进一层；尽管其中容有可商，但总体看，体现了任公自己所说的"中国人之文化自觉"。例如，他在1920年初考察战后欧洲归来发表的重要著作《欧游心影录》中说："国是要爱的，不能拿顽固褊狭的旧思想，当是爱国。""我们的爱国，一面不能知有国家不知有个人，一面不能知有国家不知有世界。"又说："要人人存一个尊重本国文化的诚意"，在借鉴西方文化的基础上，发展本民族的"一个新文化系统"，最终再以中华民族新文化去助益世界，"叫人类全体都得着他好处"，以尽中华民族对于全人类的"责任"。不难理解，在此种全新的开放的视野与心胸的观照下，任公原有的爱国论与中华民族精神论，都随之展现了与时俱进的时代光华。换言之，不理解欧战后世界之变化与任公思想之变迁，不足以与言其爱国论与中华民族精神论。四篇小文之初衷，仅一孔之见，尚祈读者批评。

一、梁启超的中华民族精神论

近代中国,民族主义持续高涨,其核心是西方近代资产阶级的政治理念"民族建国",即建立独立的以宪政为基础的现代国家。与此相应,"民族""民族主义""民族精神""现代国家""爱国主义"等一套相应的话语系统也被引入了中国。梁启超既是近代中国这套话语系统最有力的创建者,他自然也成为了近代倡言民族主义最为有力的布道者。但是,我们还要看到,梁启超的中华民族精神论,实构成了其民族主义的逻辑起点与根本的思想基础。同时,他对于中华民族精神内涵的概括,及其对于弘扬与培育民族精神的思考,更具有重要的现实性意义。

(一)"民族精神"一词的缘起与梁启超对中华民族精神内涵的把握

"民族精神"一词,肇端于18世纪文化民族主义思潮日渐高涨的德意志。它指一个民族因历史文化诸因素形成的共同精神或禀赋。被认为是"'文化民族主义'直接的启迪者"的德意志学者赫尔德,也是"民族精神"(Volkgeist)意理的始作俑者。美国学者艾恺说:"在赫得(即赫尔德——引者)的思想上我们首次遇到了几乎所有文化民族主义意理——无论东方或西方——所共有的中心概念:'国民精神'(Spirit of the people),德文为'Volkgeist'。"赫得以为,"不同种族首先由于地理与气候的特点开始分化,其后各自建立了不同的语言、文学、风习等等;乃至于保有了个别的'民族魂'"。① 英国哲学家罗素也指出:在18、19

---

① 〔美〕艾恺:《世界范围内的反现代化思潮:论文化守成主义》,贵州人民出版社1991年版,第24、25页。作者在同页加注说:"赫得本人未用'Volkgeist'一词,但他用了非常类似的词,如 Genius desvolkes,Geist des Volkes 等来表达 Volkgeist 一词日后所表示的意思。"

一、梁启超的中华民族精神论

世纪的欧洲，随着民族国家的成长，各国维护民族精神的观念愈加自觉。特别是地处文化周边的国家，更强调吸纳外来文化必须接受本土精神的整合，建立国魂维护民族的独立与尊严。这种观念被概括为"一个民族、一个国家、一个国魂"的原则，尤其在日耳曼民族中被发挥得淋漓尽致，成为欧洲浪漫主义运动的总原则。① 从赫尔德到费希特，德意志知识分子对"民族精神"的深刻阐发，不仅为实现德意志国家的统一奠定了思想基础，而且也为其后东西方的民族主义运动打上了自己的烙印。

"民族精神"一词传入中国，固然最早始于1904年留日学生刊物《江苏》杂志上发表的《民族精神论》一文，但是，迄20世纪初，很少为人使用，时人更多的是使用"中国魂""国魂""国性"等词，以指称民族精神。因之，从严格意义上说，1899年梁启超发表的《中国魂安在乎》一文，当属国人最早揭出"弘扬与培育民族精神"这一重大时代课题的文字。他在该文中写道：

---

① 〔英〕罗素：《西方哲学史》上卷，何兆武、李约瑟译，商务印书馆1963年版，第216页。

> 日本人之恒言，有所谓日本魂者，有所谓武士道者，又曰日本魂者何，武士道是也。日本之所以能立国维新，果以是也。吾因之以求我所谓中国魂者，皇皇然大索之于四百余州，而杳不可得。吁嗟乎伤哉！天下岂有无魂之国哉！吾为此惧。……今日所最要者，则制造中国魂是也。中国魂者何？兵魂是也。有有魂之兵，斯为有魂之国。夫所谓爱国心与自爱心者，则兵之魂也。而将欲制造之，则不可无其药料与其机器。人民以国家为己之国家，则制造国魂之药料也，使国家成为人民之国家，则制造国魂之机器也。①

很显然，在这里，所谓"中国魂""国魂"，就是指中国的民族精神。尽管他说"中国魂者何？兵魂是也"，尚不免失之于狭；但他一针见血，强调"中国魂"的核心是"爱国心与自爱心"，却是十分深刻的。

其后，在不同的语境下，梁启超先后还使用了"中

---

① 梁启超：《饮冰室合集·专集》（2），中华书局1989年据1936年版影印，第38、39页。（以下出自同一书时不再标注主要责任者和出版年。）

一、梁启超的中华民族精神论

国武士道""国民之元气""精神之精神""根本之精神""国民之精神""民族的活精神""民族精神""独立之精神""国性""国民之特性"等概念来指称中国的民族精神,其表述也愈益完整。例如,1902年他在《新民说》中写道:"凡一国之能立于世界,必有其国民独具之特质,上自道德法律,下至风俗习惯文学美术,皆有一种独立之精神。祖父传之,子孙继之,然后群乃结,国乃成。斯实民族主义之根柢源泉也。我同胞能数千年立国于亚洲大陆,必其所具特质,有宏大高尚完美,鳌然异于群族者,吾人所当保存之而勿失坠也。"① 1912年梁启超在《庸言》上发表《国性篇》,这是他一生论述民族精神问题最为系统的一篇文字。梁启超在文中说:"国于天地,必有与立。国之所以与立者何?吾无以名之,名之曰国性。"国性之形成,缘于种族、地域、历史诸因素。"人类共栖于一地域中,缘血统之聊合,群交之渐剧,共同利害之密切,言语思想之感通,积之不知其几千百岁也,不知不识,而养成各种无形之信条,深入乎人心……熔冶全国民使

---

① 《饮冰室合集·专集》(4),第6页。

自为一体而示异于其他也"①,故一国之语言、宗教与习俗,最能反映一国之"国性"。1915年,他在《大中华发刊辞》中再次谈到了"国性":"国之成立,恃有国性。国性消失,则为自亡。剥夺人国之国性,则为亡人国。国之亡也,舍此二者无他途矣。国性之为物,耳不可得而闻,目不可得而见。其具象之约略可指者,则语言文字思想宗教习俗,以次衍为礼文法律,有以沟通全国人之德慧术智,使之相喻而相发,有以纲维全国人之情感爱欲,使之相亲而相扶。"②无论是强调"独立之精神",还是强调"国性",民族精神作为中华民族共同精神的基本理路,梁启超是准确地把握住了。

对于中华民族精神的内涵,梁启超的概括,主要有五:

其一,道中庸,重和谐。梁启超称之为"我国民之中庸妥协性"。他指出:中国人无论是对于个人,对于社会,还是对于自然界,"最能为巧妙的顺应,务使本身与环境相妥协,而其妥协,且比较的常为'合理的'。此中国人一种特别天才也"。缘是之故,与欧

---

① 《饮冰室合集·文集》(29),第83、84页。
② 《饮冰室合集·文集》(33),第83页。

一、梁启超的中华民族精神论

人好走极端、讲绝对，因之种族、宗教纷争不已不同，中国强调"礼让为国"，即讲包容，道中庸，重和谐。"坐是其包容涵孕之力极大，若汪汪千顷之波，无所不受。""故含纳种种民族、种种宗教，而皆相忘于江湖，未或龃龉破裂。""其所最贵者厥惟秩序，务使其所包含之种种异质，与随时变化之环境相应，常处于有伦有脊的状态。"① 梁启超强调国人善于与环境（包括人际及人与自然的关系）和谐相处，以追求"合理的"即中庸、包容、和谐的境界，他实际上是从哲学的层面上肯定了中国文化及其民族精神的核心乃在于"中和"。

其二，重统一与团结。梁启超强调，中国很早就开始了形成统一的多民族国家的历史进程。"春秋战国之交，是我们民族大混合大醇化时代"，"在这种时代之下，自然应该是民族的活精神尽情发露"。② 但此种统一，绝非"攘斥剿绝之谓，乃吸聚诸族，蜕变其原质，作为我族之一成分，而增廓其内容"，即表现为一种以汉民族为主体，多民族相互融合的历史过程。

---

① 《历史上中华国民事业之成败及今后革进之机运》，载《饮冰室合集·文集》（36），第31—32页。
② 《评胡适之中国哲学史大纲》，载《饮冰室合集·文集》（38），第57页。

这只要看看当今的中国,"任举何省人民,孰不有羌、苗、匈奴、东胡乃至其他诸异族之遗血者",就说明了这一点。民族融合的现象在世界上固然不乏其例,但像中国这样"吸聚者如此其繁复而普被,所醇化者如此其浑融而无间"[1],实为举世所仅见。也唯其如此,重统一与团结形成了中华民族精神中的一大优长。梁启超以为这集中体现为三方面:一是"国民思想之统一"。所谓"思想统一",是指学术进步所导致的国人共同精神与价值取向的形成:"统一者谓全国民之精神,非攘斥异端之谓也。"[2]汉以后,此种思想统一固然以孔子为中心,但又不尽然,它实融合了此前的诸子百家之思想,故渐成为包括宇宙观、人生观、价值观在内的"一种有体系之国民思想"。[3]二是追求国家统一。在中国漫长的历史上,统一的时间长,纷争割据的时间短,"虽有纷争割据,恒不及百数十年,辄复合一"。世界上许多国家常存在内部种族与宗教的

---

[1] 《历史上中华国民事业之成败及今后革进之机运》,载《饮冰室合集·文集》(36),第27页。
[2] 《论中国学术思想变迁之大势》,载《饮冰室合集·文集》(7),第4页。
[3] 《历史上中华国民事业之成败及今后革进之机运》,载《饮冰室合集·文集》(36),第32页。

一、梁启超的中华民族精神论

纷争,中国"人种地势宗教,皆可谓之为一统,未尝有分裂于内者"①,也都说明了国人具有追求国家统一的情结。三是珍惜各民族间的团结。梁启超说,中国数万万同胞,能数千年团结一致,立于世上,实为世界奇观。欧洲英、法、德民族,原本同源,较我国古代各民族血缘关系尤切,但至今尚分裂为三国,欧洲诸国内部更是民族矛盾日甚。反观中国,"我则以多数异民族错居,从不发生此问题",各民族实"久已合作一家"。② 他说:"我坚强之国民性,经二千年之磨练,早已成为不可分之一体。"③ "我们自古以来,就有一种觉悟,觉得我们这一族人像同胞兄弟一般,拿快利的刀也分不开。""这便是我们几千年来能够自立的根本精神。"④ 梁启超主张"大民族主义",同时也是近代史第一个明确提出"中华民族"概念的人。他所强调的

---

① 《论支那独立之实力与日本东方政策》,载《饮冰室合集·文集》(4),第68页。
② 《历史上中华国民事业之成败及今后革进之机运》,载《饮冰室合集·文集》(36),第29页。
③ 《中国前途之希望与国民责任》,载《饮冰室合集·文集》(26),第11页。
④ 《辛亥革命之意义与十年双十节之乐观》,载《饮冰室合集·文集》(37),第3页。

四万万同胞的一家亲，无疑就是强调中国各民族之间的坚强团结。

其三，重德。梁启超指出，各国皆重道德，但以中国为甚。数千年来国人心中有三种观念，根深蒂固，浸成"中国道德之原"，"吾国所以能绵历数千年使国性深入而巩建者，皆恃此也"：一是"报恩"。"中国一切道德，无不以报恩为动机，所谓伦常，所谓名教，皆本于是。"人生在世，无论聪明才智如何，都不可能无所待于外而能自立，故其一生直接间接受恩于人者，实无量无极。中国人看重这一点，于父母、家庭、社会、国家多心存报恩之思，尤其"报国之义重焉"。西方社会那种绝对的个人主义，"吾国人所从不解也"。报恩之义，联系过去与现在，个人、家庭、社会与国家，产生极大的民族凝聚力。二是"明分"。梁启超以为，不能将"明分"简单视为悬阶级与不平等。社会分工无限，需个人分任，分工协作。"故人人各审其分之所在，而各自尽其分内之职，斯社会之发荣滋长无有已时"，反之，"必至尽荒其天职，而以互相侵轶为事，则社会之纽绝矣"。安分心太强，固易生守旧，但"向上心"与"侥幸心"有别。作为中国文化传统的

"明分"精神，强调立足现有的地位，求渐进于理想的地位，这是中国之组织"所以能强固致密搏之不散者，正赖此矣"。三是"虑后"。中国文化重现实，同时又最重将来。"夫各国之教祖，固未有不以将来为教者矣，然其所谓将来者，对于现世而言来世也。其为道与现社会不相属。我国教义所谓将来，则社会联锁之将来也。"所谓"社会联锁之将来"，就是强调社会历史文化之传承。所以，西方的"绝对个人主义"与"现在快乐主义"，中国人难以理解，他们更强调个人对于社会与后代的责任。"二千年来，此义为全国人民心目中所同具。纵一日之乐，以贻后顾之忧，稍自好者不为也。不宁惟是，天道因果之义，深入人心，谓善不善不报于其身将报于其子孙，一般人民有所劝，有所慑，乃日迁善去恶而不自知也。此亦社会所以维系于不敝之一大原因也。"[①]梁启超强调，"报恩""明分""虑后"三种观念作为"中国道德之大原"，将社会的过去、现在与未来有机衔接起来，将个人、家庭、社会与国家有机衔接起来，它不仅有助于中国社会的稳定发展，

---

① 《中国道德之大原》，载《饮冰室合集·文集》(28)，第14—20页。

同时也彰显了中国重德的民族精神。

其四，重爱国。如前所述，梁启超早在《中国魂安在乎》一文中即强调指出，"中国魂"的核心应是"爱国心与自爱心"。他虽在多处讲过国人爱国心薄弱，但是，那是重在抨击专制政治压制了国人的爱国主义热情，而非否定国人具有可贵的爱国传统。他强调"中国道德之大原"之一，是重"报恩"，尤其是"报国之义重焉"，就说明了这一点。同时，他极力表彰郑成功、郑和等历史上的爱国者并撰《中国殖民八大伟人传》，以期进一步高扬国人的爱国精神。他说："一民族所崇拜之人物，各有其类，观其类而其民族精神可见也……作中国殖民八大伟人传。"[①] 同样也说明了这一点。晚年的梁启超更是明确肯定，中国人是世界上最讲爱国主义的国民。他说："（当今的中国人虽极困苦）然而我民之眷怀祖国，每遇国耻，义愤飙举，犹且如是，乃至老妇幼女，贩夫乞丐，一闻国难，义形于色，输财效命，惟恐后时。以若彼之政象，犹能得若此之人心，盖普世界之最爱国者，莫中国人若矣。呜呼！此

[①] 《饮冰室合集·专集》（8），第1页。

一、梁启超的中华民族精神论

真国家之元气而一线之国命所藉以援系也。"① 斯时的中国，政治如此黑暗，民生如此困苦，但国人不分男女老幼贫富贵贱，却能一如既往，输财效命，共赴国难，这充分印证了"中国魂"的核心正是国人的"爱国心"。缘此，也不难理解梁启超何以感慨系之，盛赞中国人是最富有爱国精神的国民，并叹喟"此真国家之元气而一线之国命所藉以援系也"了。

其五，重人文，向往人类大同。这在梁启超叫作"世界主义"，或是超越国家界限的"文化理想"。他说，中国的伦理强调修身、齐家、治国、平天下。它以个人为起点，以天下世界为终极，国家与家族等，都仅被认为是"进化途中的一过程"，故最乐道的是"天下一家""四海兄弟"。古代中国所以"汲汲焉务醇化异族者"，非为权利，乃认为是义务。"盖吾先民常觉我族文化之至优美（此感觉是否正当属于别问题）而以使人类普被此文化为己任。凡他族之与我遇者，不导之入于此途，则自觉其悲悯之怀不能遂也。彼但能自进而与我伍，我遂欣然相携而无或歧视。故其义曰：'夷

---

① 《痛定罪言》，载《饮冰室合集·文集》(33)，第7页。

狄进于中国则中国之。'所谓国者绝无界线，惟以文化所被为推移，拥有广漠之国土，殊不以自私，常欲与世界人共之，故以'怀柔远人'为一种信条。"① 这既体现了中国文化的包容性，也是中国自古内部各民族能融合相安的重要原因所在。梁启超的上述见解容有好自高标之嫌，但他强调在中国文化与民族精神中包含着重人文与人类大同的特质，却是合乎实际的。

应当承认，即便从今天来看，梁启超对中华民族精神内涵的上述概括，虽然未必周全，却是把握了最重要的精华；一些提法也未必精当，却不失其深刻。同时，更重要还在于，正是对民族精神内涵的上述把握，构成了梁启超这位著名的爱国者，在争取国家独立与民族复兴漫漫的长途上，矢志不渝的坚强精神支柱。因为，在他看来，道理很朴素：世界历史上古国林立，迄今却唯有我中国独存，说明中华民族确有自己深沉不竭的精神活力在。此种精神活力既奠定了中国历史数千年发展的基础，也一定会为中国未来的复兴创造新的生机。因之，任何丧失民族自信心，相信

---

① 《历史上中华国民事业之成败及今后革进之机运》，载《饮冰室合集·文集》(36)，第28—29页。

中国必遭淘汰的言行，都是没有根据的。所以他执着地说："今之论支那者，自表面观，既已气息奄奄，危于风烛，然于其里面，实有所谓潜势力者，未可轻蔑视之也。"①"我祖宗所留贻我之国性，成之固难，毁之亦不易。……吾就主观方面，吾敢断言吾国之永远不亡！吾就客观方面，吾敢断言吾国之现在不亡！"②

（二）民族主义、爱国与民族精神

在近代中国，民族主义思潮持续高涨是一个引人注目的历史现象。"民族""民族主义""爱国""民族精神""中华民族"等概念，显然构成了其中最基本的话语系统。耐人寻味的是，这些概念分别都是由梁启超先后第一个提出来的。③这说明了梁启超对于民族

---

① 《论支那独立之实力与日本东方政策》，载《饮冰室合集·文集》（4），第69页。
② 《大中华发刊辞》，载《饮冰室合集·文集》（33），第85—86页。
③ 在近代史上，梁启超于《东籍月旦》（1899年）、《爱国论》（1899年）、《中国魂安在乎》（1899年）、《国家思想变迁异同论》（1901年）、《论中国学术思想变迁之大势》（1902年）五文中，分别最早使用了"民族""爱国""中国魂""民族主义""中华民族"的概念。

主义问题的充分自觉和思考的系统性。考察在梁启超民族主义的理路中,"民族主义""爱国""民族精神"三个重要概念的内在逻辑关系,对于进一步理解他的中华民族精神论是十分必要的。

梁启超说:"民族主义者何?各地同种族、同言语、同宗教、同习俗之人,相视如同胞,务独立自治,组织完备之政府,以谋公益而御他族是也。"民族主义不仅以建立现代的国家为中心,说到底,是一种固结同族,"以谋公益而御他族"的思想主张和价值取向。梁启超强调,民族主义是一个民族走向成熟必经的历史过程,但它又非无源之水、无本之木,而植根于一个民族的民族精神。他说,国有与立,"皆有一种独立之精神"即民族精神,"斯实民族主义之根柢源泉也"。[①]民族主义与民族精神一脉相承,但民族主义的高涨定然反转来促进民族精神的高扬。因为民族主义不仅是催生民族国家的原动力,而且,"此主义既行,于是各民族咸汲汲然务养其特性,发挥而光大之。自风俗、习惯、法律、文学、美术,皆自尊其本族所固有,而

---

① 《新民说》,载《饮冰室合集·专集》(4),第4、6页。

一、梁启超的中华民族精神论

与他族相竞争"。①他还借重伯伦知理的话说:"民族之立国……必须尽吸纳其本族中所固有之精神势力而统一之于国家。"②梁启超晚年回想往事,仍这样说:近世中国衰败,"恰好碰着欧洲也是民族主义最昌的时代了,他们的学说给我们极大的激刺,所以多年来,磅礴郁积的民族精神,尽情发露……"。这就是说,建立现代的民族国家必然要重视弘扬本民族的民族精神。所以,依此,梁启超时常将这两个概念混同使用。例如,1902年,他致书乃师康有为主张排满,说:"今日民族主义最发达之时代,非有此精神,决不能立国,弟子誓焦舌秃笔以倡之,决不能弃之去者也。而所以唤起民族精神者,势不得不攻满洲。"③不难看出,这里是将"民族精神"与"民族主义"两个概念,等量齐观。又如,1921年,梁启超撰《辛亥革命之意义与十年双十节之乐观》,高度评价辛亥革命的意义在于促进了现代中国人的自觉,其中"第一,觉得凡不是中

---

① 《论民族竞争之大势》,载《饮冰室合集·文集》(10),第11页。
② 《政治学大家伯伦知理之学说》,载《饮冰室合集·文集》(13),第72—73页。
③ 丁文江、赵丰田编《梁启超年谱长编》,上海人民出版社1983年版,第286页。(以下出自同一书时不再标注主要责任者和出版年。)

国人都没有权来管中国的事"。他说，这"叫做民族精神的自觉"。① 但第二年在《五十年中国进化概论》中，却又称这"是民族建国的精神"②，也说明了这一点。同时，如前所述，梁启超强调民族精神的核心是爱国，但他又说民族主义是为了"不使他族侵我之自由"③，而"外国侵凌，压迫已甚，唤起人民的爱国心"④，足见在他的心目中，爱国同样也是民族主义的核心。

至此，我们不难体会到梁启超运思的理路：民族精神是国有与立的灵魂或根本，民族主义则既是面对外侮进逼民族成长必经的阶段，同时也是民族精神发展的内在要求。二者相互依存，互为表里，其衔接的机枢或点化的精灵，则在于国民的"爱国心与自觉心"，即爱国主义。故他复强调："天下之盛德大业，孰有过于爱国者乎？"⑤ "吾辈今日之最急者，宜莫如爱国。"⑥ 明白了这一点，便不难理解梁启超的中华民族精神

---

① 《饮冰室合集·文集》(37)，第2页。
② 《饮冰室合集·文集》(39)，第46页。
③ 《国家思想变迁异同论》，载《饮冰室合集·文集》(6)，第6页。
④ 《新中国未来记》，载《饮冰室合集·专集》(89)，第5页。
⑤ 《意大利建国三杰传》，载《饮冰室合集·专集》(11)，第1页。
⑥ 《德育鉴》，载《饮冰室合集·专集》(26)，第3页。

论，又如何构成了以下他的两大重要思想主张的根本基础。

其一，民族精神论与"新民说"。

人所共知，"新民说"是梁启超提出的一生中最为著名、影响也最为深远的一种思想主张。他将戊戌时期维新派提出的"开民智、新民德、强民力"的思想，进一步提升到"新民说"，这绝非仅是简单的概念更换，而是体现了他在民族主义的基础上，对现代的民族、国家、国民内在联系的整体性思考，并形成了自己的思想体系和具有宏富的内涵。对此学界已有很多研究。但需要指出的是，梁启超的中华民族精神论与其"新民说"间的内在联系，迄今尚未被人注意到。实则，前者构成了后者的逻辑起点和根本的思想基础。

值得注意的是，1902年，梁启超即将《新民说》的部分内容与此前发表的《少年中国说》《中国积弱溯源论》《论近世国民竞争之大势及中国之前途》等内容相关的共12篇文章，编辑成上、下两卷，交上海广智书局出版，并取名为《中国魂》。此后连续再版，到1906年即已发行至16版，到1913年更发行至19版。此书不仅影响甚广，而且说明在梁启超的心目中，"新民说"在一定意义上就是锻铸"中国魂"即"中国民族精神"说。《新民说》的基本观点认为：国家既由国民构成，"国民之文明程度"自然决定着国家的强弱。"在民族主义立国的今日"，中国必须借自己的民族主义去抵御西方的民族帝国主义，但民族主义并非是个人的行为，"非合吾民族全体之能力，必无从抵制也"。所谓提高"国民之文明程度"，或叫"合吾民族全体之能力"，说到底，就是"新民"。所以，梁启超说："故今日欲抵当列强之民族帝国主义，以挽浩劫而拯生灵，惟有我行我民族主义之一策，而欲实行民族主义于中国，舍新民未由。"① 然而，欲"新民"，其道复何由？梁启超在"释新民之义"一节中，开宗明义，即如前述提出了民族精神（"独立之精神"）的概念，强调民族精神是固结民族，形成国家的根本，同时也是"民族主义之根柢源泉"。不仅如此，更重要的还在于，梁启超既肯定了中国民族精神独具特质，"有宏大高尚完美，鳌然异于群族者"，又进一步提出了一个富有辩证思维的重要观点：民族精神不是一成不变

---

① 《饮冰室合集·专集》（4），第4、5页。

的，必得与时俱进，才能永不衰竭。他以林木岁岁发新芽、古井息息涌新泉，故得以避免枯朽与涸竭，作生动比喻，来彰显这个道理："夫新芽新泉，岂自外来者耶？旧也而不得不谓之新。惟其日新，正所以全其旧也。濯之拭之，发其光晶，锻之炼之成其体段。培之浚之，厚其本原，继长增高，日征月迈，国民之精神于是乎保存，于是乎发达。"① 梁启超的此一辩证观点，同时即逻辑地包含着以下更加可贵的见解：一个民族的民族精神，不单蕴含着精华，同时也存在着自己的弱点与不足，否则，何以需吐故纳新、日征月迈才能保持其青春呢？事实上，梁启超其后曾反复明确地强调了这一点。例如，他说："凡人之受性，恒各有其所长与其所短。大人者，能自知其所长，而善用之，发扬之，淬厉光晶之。而能自知其所短，而矫变不吝也……夫国民性则亦犹夫一人之性焉尔。凡一民族之性，终不能有长而无短。而长短之数，有绝对的恒久不变者，有相对的与时推移者。而其所短，有积之甚久而难治者，有为一时之现象而易治者。今欲语中国

---

① 《饮冰室合集·专集》(4)，第6页。

前途之希望,亦惟使国民自知其所长所短,且使知所以善用其所长矫变其所短而已。"①

梁启超将自己的"新民之义",概括为二:"淬厉其所本有而新之","采补其所本无而新之",以为二者相辅相成,缺一不可。实则,前者即是指当继承与弘扬民族精神的精粹,后者则是指当承认自己的不足,虚心学习世界各民族的长处,"以补我之所未及"。②《新民说》共10余万字,其绝大多数篇幅都用以分别论述"公德""国家思想""自由""进取冒险""权利思想"等等,实际上就是以西方近代的原则进行民族的自我反省。《中国魂》一书所收其他诸文的取向也是如此。例如,《中国积弱溯源论》一文,从"理想""风俗""政术""近事"四方面,探讨中国积弱的原因,其中"风俗"又概括有六:"愚昧""为我""好伪""弱怯""无动"。强调弘扬民族精神与民族自省的统一性,反映了梁启超理性批判精神之深刻。

在梁启超的"新民说"中,所谓"民族精神""民族主义""爱国""新民",彼此是相互依存的有机统

---

① 《中国前途之希望与国民责任》,载《饮冰室合集·文集》(26),第9页。
② 《饮冰室合集·专集》(4),第6页。

一、梁启超的中华民族精神论

一。梁启超认为，中国民族精神或叫"元气"，所以不振；国人所以尚属"部民"而无"国民资格"，爱国精神隐而不彰，根本原因是专制政治长期统治的结果。"观于此，而中国积弱之大源，从可知矣。其成就之者在国民，而孕育之者仍在政府。""顾吾又尝闻孟德斯鸠之言矣，专制政体，以使民畏惧为宗旨，虽美其名曰辑和万民，实则斫丧元气，必至举其所以立国之大本而尽失之。"① 梁启超强调民族主义的核心问题有二，即"民族建国问题"与"参政问题"，前者是反对外来压迫，争取民族与国家的独立；后者则是反对专制政府，实现国民自由。他将民族与民主问题统一起来，视之为一个问题的两个方面，这同样是深刻的。但是，需要指出的是，他既强调因专制君权的压迫，"民不堪命，于是爱国之义士出"②，"爱国必自兴民权始"③，又强调欲行民族主义须从"新民"始，并谓"然则救危亡求进步之道将奈何，曰：必取数千年横暴混浊之政体，破碎而虀粉之"，甚至倡言"破坏亦破坏，不破坏

---
① 《中国积弱溯源论》，载《饮冰室合集·文集》(5)，第33页。
② 《论政府与人民之权限》，载《饮冰室合集·文集》(10)，第3页。
③ 《爱国论》，载《饮冰室合集·文集》(3)，第73页。

亦破坏"①,显然,其"新民"说的锋芒主要是直指专制的清政府。现在我们再看前引1902年他致书乃师言:"今日民族主义最发达之时代,非有此精神,决不能立国,弟子誓焦舌秃笔以倡之,决不能弃之去者也。而所以唤起民族精神者,势不得不攻满洲。"梁启超的民族精神论构成了他的"新民"说的逻辑起点与根本之思想基础,在这里同样是显而易见的。

其二,民族精神论与"大、小民族主义"。

1903年,梁启超访美,对共和政体的弊端深有感触,归来后其思想发生了很大的转变,即由原先向往民主共和与倾向排满革命,转而复归君主立宪。同时,他深受伯伦知理"国家有机体"说的影响,同年发表了《政治学大家伯伦知理之学说》一文,其中,他根据伯伦知理强调国家有机统一与有力秩序的理论,从原先视为民族主义、新民与爱国前提的民权说上后退了:"故我中国今日所最缺点而最急需者,在有机之统一与有力之秩序,而自由平等直其次耳,何也,必先铸部民使成国民,然后国民之幸福乃可得言也。"② 同

---

① 《新民说》,载《饮冰室合集·专集》(4),第64、67页。
② 《饮冰室合集·文集》(13),第69页。

时,梁启超对自己原先所强调的"世界上最光明正大公平之主义"和所有国家发展必经阶段的民族主义,也做了很大的修正。他说:"由此观之,伯氏固极崇拜民族主义之人也,而其立论根于历史,案于实际,不以民族主义为建国独一无二之法门。"① 这就是说,建立现代国家,民族主义不是唯一的要素,具体的历史文化传统与现实的国情,尤其不容忽视。缘此,梁启超复转而反对排满,并提出了自己著名的"大、小民族主义"说:"伯氏下民族之界说曰:同地、同血统、同面貌、同语言、同文字、同宗教、同风俗、同生计……而以语言、文字、风俗为最要焉。由此言之,则吾中国言民族者,当于小民族主义之外,更提倡大民族主义。小民族主义者何?汉族对于国内他族是也。大民族主义者何?合国内本部属部之诸族以对于国外之诸族是也。"他断言,"合汉合满合蒙合苗合藏,组成一大民族"共同对外,乃是中国救亡不二之法门。②

长期以来,论者多批评梁启超上述思想的转变是一种倒退,但同时又肯定其"大、小民族主义"说,

---

① 《饮冰室合集·文集》(13),第74页。
② 《饮冰室合集·文集》(13),第75、76页。

并将之归于伯伦知理学说的影响。这自然是对的。但是，从梁启超中华民族精神论的逻辑出发，问题似仍有进一步探究的空间。首先，无论上述梁启超关于国家、民族主义与民权说的具体主张发生了怎样的变化，他从一开始便强调的作为民族精神或国魂核心的"爱国心"即爱国主义，却是不变的。他曾反复强调爱国是绝对的，但每一个人具体的爱国道路与方法的选择，却不妨见智见仁，容许不同的意见，殊途而同归。1902年，他在《意大利建国三杰传》中说："真爱国者，其所以行其爱之术者，不必同，或以舌，或以血，或以笔，或以剑，或以机；前唱于而后唱喁，一善射而百决拾，有时或相歧相矛盾相嫉敌，而其所向之鹄，卒至于相成相济而罔不相合。"[①]1905年，他又在《德育鉴》中说："此言为道与为学，两不相妨也……如诚有爱国之心，自能思量某种某种科学，是国家不可缺的，自不得不去研究之。又能思量某种某种事项，是国家必当行的，自不得不去调查之。""则其所以救国者，无论宗旨如何，手段如何，皆百虑而一致，殊途

---

① 《意大利建国三杰传》，载《饮冰室合集·专集》(11)，第1页。

一、梁启超的中华民族精神论

而同归也。"① 直到晚年,他仍持同样的观点:"政策无绝对的是非利害,只要是以国家为前提,则见仁见智,终可以有两相反的议论,而彼此都不失为爱国者。"② 由是以进,我们对于梁启超,便可有进一步"同情的理解"。

其次,将梁启超的"大、小民族主义"观的提出,仅仅归结为伯伦知理的影响是不够的,要看到它有一个发展的过程,而这个过程又是与他的民族精神论息息相通的。梁启超对民族精神的界说,其具体表述先后容有差异,但他强调民族精神是民族共同的精神特质,是实现民族认同、国有与立的根本,却是一以贯之的。这一点与伯伦知理的说法"民族之立国,非必举其同族之部民,悉纳入于国中而无所遗也,虽然,必须尽吸纳其本族中所固有之精神势力而统一之于国家"③,互相发明,显然是有助于梁启超得出上述的结论:"故我中国今日所最缺点而最急需者,在有机之统

---

① 《德育鉴》,载《饮冰室合集·专集》(26),第42页。
② 《如何才能完成"国庆"的意义》,载《饮冰室合集·文集》(42),第60页。
③ 《政治学大家伯伦知理之学说》,载《饮冰室合集·文集》(13),第72、73页。

一与有力之秩序,而自由平等直其次耳。"此外,梁启超在强调民族精神的同时,实际上也就已经在逐渐酝酿他后来提出的"大、小民族主义"观。例如,1900年,他在《中国积弱溯源论》中说:"今夫国也者,必其全国之人,有紧密之关系,有共同之利害,相亲相爱,通力合作,而后能立者也。故未有两种族之人,同受治于一政府之下,而国能久安者。我汉人之真爱国而有特识者,则断未有仇视满人者也。何也,以日本之异国,我犹以同种同文之故,引而亲之,而何有于满洲?""故有特识而真爱国者,惟以民权之能伸与否为重,而不以君位之属于谁氏为重。"① 是时,梁启超尚未趋向于革命,故不主张排满。但是,需要注意的是,在这里他以国人对日本,"犹以同种同文之故,引而亲之"为参照,将汉、满视为同一种族。1901年,梁启超在《中国史叙论》中又指出:因历史上各民族婚姻互通,血统相杂,游牧民族更迁徙无常,要想一一指认今天的中国各民族与历史上各民族的对应关系,"非愚则诬",是不可能的。"今且勿论他族,即吾汉

---

① 《饮冰室合集·文集》(5),第36页。

一、梁启超的中华民族精神论

族，果同出于一祖乎？抑各自发生乎？亦一未能断定之问题也。"百姓虽无不奉黄帝为始祖，实则南北各地民人性情习俗也多有差异，也反映了这一点。最后他说：中国境内的各民族不易分得清。"虽然，种界者本难定者也。于难定之中而强定之，则对于白棕红黑诸种，吾辈划然黄种也；对于苗、图伯特、蒙古、匈奴、满洲诸种，吾辈庞然汉种也；号称四万万同胞，谁曰不宜！"①相对于欧美诸民族而言，我们都是黄种，一个大民族；相对于"中国史内之人民"而言，则有汉、满、蒙、苗、图伯特、匈奴等民族之分，即就中国人内部而言，又有小民族间的彼此差异。但是，无论如何，中国人民实为一家："号称四万万同胞，谁曰不宜！"如果说，于此梁启超的"大、小民族主义"说，尚嫌不够清楚的话，那么，他往下的论述，显然又进了一步。梁启超将中国历史的发展分成三个阶段：第一，上世史，自黄帝以迄秦统一，"是为中国之中国，即中国民族自发达自争竞自团结之时代"。第二，中世史，自秦统一至清乾隆末年，"是为亚洲之中国，即

---

① 《饮冰室合集·文集》(6)，第6、7页。

中国民族与亚洲各民族之交涉繁赜竞争最烈之时代"。汉种与匈奴种、西藏种、蒙古种、通古斯种次第错杂,彼此竞争。"自形质上观之,汉种常失败;自精神上观之,汉种常制胜。及此时代之末年,亚洲各种族,渐向于合一之势,为全体一致之运动,以对于外部大别之种族。"第三,近世史,自乾隆末年至今,"是为世界之中国,即中国民族合同全亚洲民族,与西人交涉竞争之时代也"。① 梁启超所谓上古的"中国民族",实指汉族;所谓"亚洲各民族",实指中国境内各少数民族。所谓中世末年各种族"渐向于合一之势,为全体一致之运动",实指中国各民族大融合的历史趋势。这样,梁启超为我们勾勒出了中国民族大融合的历史及其三期发展的大趋势:汉族——汉族与各少数民族渐成合一全体一致的运动——与西方民族的竞争。其用词、表述虽非确当,但综合以观,梁启超的"大、小民族主义"的提法,不是呼之欲出了吗! 所以,毫不足奇,翌年,梁启超在《论中国学术思想变迁之大势》中径直首先提出了"中华民族"的概念,并谓学术

---

① 《饮冰室合集·文集》(6),第12页。

一、梁启超的中华民族精神论

发展是实现国人思想统一的根本:"统一者谓全国民之精神,非攘斥异端之谓也。"又说:"中国种族不一,而其学术思想之源泉,则皆自黄帝子孙。"① 如此鲜明地将中国民族多元一体的发展与中华民族的民族精神统一起来了。而仅过一年,梁启超便缘伯伦知理国家学说的启发,进一步将自己酝酿已久的思想最终提炼为"大民族主义"与"小民族主义",这样富有理论色彩的观点,也就是顺理成章的事了。

不仅如此,与此同时,梁启超还写下了《爱国歌四章》:

> 泱泱哉!我中华。最大洲中最大国,廿二行省为一家。物产腴沃甲大地,天府雄国言非夸。君不见,英日区区三岛尚崛起,况乃堂矞吾中华。结我团体,振我精神,二十世纪新世界,雄飞宇内畴与伦。可爱哉!我国民。可爱哉!我国民。
>
> 芸芸哉!我种族。黄帝之胄尽神明,浸昌浸炽遍大陆。纵横万里皆兄弟,一脉同胞古相属。

---

① 《饮冰室合集·文集》(7),第4页。

君不见,地球万国户口谁最多?四百兆众吾种族。结我团体,振我精神,二十世纪新世界,雄飞宇内畴与伦。可爱哉!我国民。可爱哉!我国民。

彬彬哉!我文明!五千余岁历史古,光焰相续何绳绳。圣作贤述代继起,浸濯沈黑扬光晶。君不见,揭来欧北天骄骤进化,宁容久厄吾文明。结我团体,振我精神,二十世纪新世界,雄飞宇内畴与伦。可爱哉!我国民。可爱哉!我国民。

轰轰哉!我英雄。汉唐凿孔县西域,欧亚拓陆地天通。每谈黄祸我且栗,百年噩梦骇西戎。君不见,博望定远芳踪已千古,时哉后起吾英雄。结我团体,振我精神,二十世纪新世界,雄飞宇内畴与伦。可爱哉!我国民。可爱哉!我国民。[①]

梁启超借助诗的语言,昭告天下:"我中华","为一家";"我种族",黄帝子孙,"纵横万里皆兄弟,一脉同胞古相属";"我文明","五千余岁历史古,光焰相续何绳绳",热烈而又鲜明地将中华民族的国家认

---

① 《饮冰室合集·文集》(45)(下),第21、22页。

一、梁启超的中华民族精神论

同、民族认同、文化认同，与弘扬中华民族精神、振兴中华紧密地联系在了一起。他大声疾呼"结我团体，振我精神"，不仅强烈地表达了自己矢志不渝的爱国主义情操，而且也再次有力地彰显了他的"大、小民族主义"观与其中华民族精神论，一脉相承。

晚年的梁启超不再用"大、小民族主义"的概念，但其思想却愈形深刻了。1921年，他将辛亥革命的历史意义概括为"现代中国人"的"自觉"，其中最重要的即是"觉得凡不是中国人都没有权来管中国的事"。他强调此种自觉,也就是"民族精神的自觉"。其时"中华民族"的概念已成常识，梁启超所谓"现代中国人"或"我们这一族人"，无疑都是"中华民族"的代名词。所以，他说："所谓自觉心，最要紧的是觉得自己是'整个的国民'，永远不可分裂不可磨灭。""因为我们自古以来，就有一种觉悟，觉得我们这一族人像同胞兄弟一般，拿快利的刀也分不开。"强调中华民族是一个不可分裂的整体，这辛亥革命历史意义所昭示的"现代中国人"的"自觉"，也就是中华民族"民族精神的自觉"①,梁启超中华民族精神论得到了进一步升华,显而易见。

(三)"中国魂安在乎"

可以说,梁启超自1899年发出"中国魂安在乎"的呼喊以来,其一生的奋斗即在于倡言弘扬与培育中华民族精神以复兴中华。1920年初,他游欧归来发表著名的《欧游心影录》,其中就特别强调说:国家之存在就是要"把这国家以内一群人的文化力聚拢起来,继续起来,增长起来……"②这里的"文化力",最根本的自然是"中国魂",即中华民族精神。梁启超对此的思考,以下几方面最值得关注。

其一,强调民族自省与自信的统一。

梁启超早年撰有《说悔》一文,指出:"大学曰:作新民。能去其旧染之污者,谓之自新;能去社会旧染之污者,谓之新民。若是者,非悔末由。悔也者,

---

① 《辛亥革命之意义与十年双十节之乐观》,载《饮冰室合集·文集》(37),第1、2、3页。
② 《饮冰室合集·专集》(23),第35页。

进步之原动力也。"他认为,"悔"之发生力有二:自内与自外。前者非大智慧不可,后者受感动而起。但无论如何,凡言"悔",必曰"悔悟""悔改"。"盖不悟则其悔不生,不改则其悔不成。"所谓"悔",就是自省。一个人能"悔",则一身进步;国民能"悔",则一国进步。一个民族的自省与自信是统一的:"悔改之与自信,反对之两极端也。……孟子曰:'自反而不缩,虽褐宽博,吾不惴焉。自反而缩,虽千万人,吾往矣。'"他强调:真能悔者,必定是真能不退缩者。"何也,悔也者,进步之谓也,非退步之谓也。"① 基于此种识见,梁启超不仅看到了国性若人性,有优长自有其短,而且强调弘扬民族精神应当是一个扬弃的过程,需扬长去短,与时俱进。他说:"今欲语中国前途之希望,亦惟使国民自知其所长所短,且使知所以善用其所长矫变其所短而已。"② 由于近代社会开通风气维艰,为救衰起弊,梁启超于晚清着力点显然偏于民族自省,上述《中国魂》一书就反映了这一点。但是,随着民初"醉心欧

---

① 《饮冰室合集·专集》(2),第75、76、77页。
② 《中国前途之希望与国民责任》,载《饮冰室合集·文集》(26),第9页。

化"的民族虚无主义日渐抬头,其着力点明显复转而趋重强调自信力。例如,他说,以往有国人常尊中抑西,是不对的;但现在不少人却尊西抑中,不承认中国有自己的优长,这是"矫枉过正":"中国人既不是野蛮民族",不可能没有自己的长处,"我们虽然不可妄自尊大,又何必自己糟蹋自己到一钱不值呢?"[1]他坚决反对"全盘西化"论,以为且不说它不可能,即便可能,将中国完全变成东方的美国,也是个悲剧,"因为若果然如此,那真是罗素所说的,把这有特质的民族,变成丑化了"。[2]所以,他连续撰文倡言弘扬国性,并断言:"而以吾所见之中国,则实有坚强善美之国性,颠扑不破,而今日正有待于发扬浒厉者也。"[3]不仅如此,游欧归来,他反省欧战,愈益坚信中国文化有自己的优长,自觉在思想上由被动转为了主动。他在《欧游心影录》中强调"中国人之自觉",这样写道:"……我觉得我们因此反省自己从前的缺点,振奋自己往后

---

[1] 《颜李学派与现代教育思潮》,载《饮冰室合集·文集》(41),第4页。
[2] 李华兴、吴嘉勋编《梁启超选集》,上海人民出版社1984年版,第817页。(以下出自同一书时不再标注主要责任者和出版年。)
[3] 《中国道德之大原》,载《饮冰室合集·文集》(28),第13页。

一、梁启超的中华民族精神论

的精神,循着这条大路,把国家挽救建设起来,决非难事。"① 足见梁启超对自己的民族充满了自信。

其二,必须重视爱国主义教育。

梁启超既认爱国是民族精神的核心,他格外重视爱国主义教育就是合乎逻辑的。耐人寻味的是,梁启超最初提出"爱国"与"国魂"的概念虽然都在同一年即1899年,但前者要略早于后者。是年2月20日,他在《新民丛报》上发表了《爱国论》,这是他一生中第一篇也是唯一的一篇专论爱国的长文。而他的《中国魂安在乎》,则要晚到是年年底。是文明确认定"爱国心"是"中国魂"的核心,这说明梁启超的民族精神论是其"爱国"论的发展与升华,而后者从一开始便也构成了前者的中坚与基轴。梁启超强调,爱国大义是现代社会不可或缺的一大伦理要素,这即是说,爱国乃"天下之盛德大业"。②"若是国家这样东西一日尚存,国民缺了这点精神,那国可就算完了。"他认为,国人智力欠发达,尚是容易补救的事情,但是,若爱

---

① 《饮冰室合集·专集》(23),第35页。
② 《意大利建国三杰传》,载《饮冰室合集·专集》(11),第1页。

国的"情操不发达,那却是不治之症"。①所以,重视爱国主义教育应成为弘扬与培育民族精神、实现民族建国重要的一环。而实现爱国主义教育最有效的途径,是学校教育和整个社会风气的潜移默化。他说:"吾尝游海外,海外之国,其民自束发入学校,则诵爱国之诗歌,相语以爱国之故事,及稍长,则讲爱国之真理。父诏其子,兄勉其弟,则相告以爱国之实业;衣襟所佩者,号为爱国之章;游燕所集者,称为爱国之社。所饮之酒,以爱国为命名;所玩之物,以爱国为纪念。兵勇朝夕,必遥礼其国王。寻常饔飧,必祈祷其国运。"唯其如此,其国人"爱国之性,发于良知,不待教而能,本于至情,不待谋而合。呜呼!何其盛欤!"②与此同时,梁启超尤其强调中国历史文化教育对于培育国民的民族认同感、爱国心的极端重要性。他认为,作为国民,对于本国历史文化要有最起码的了解,这样才可能"在我们的'下意识'里头,得着根柢,不知不觉会'发酵'有益身心的圣哲格言",并与

---

① 《欧游心影录》,载《饮冰室合集·专集》(23),第118、119页。
② 《爱国论》,载《饮冰室合集·文集》(3),第72页。

一、梁启超的中华民族精神论

整个社会"形成共同意识"。① 在这过程中,中小学的国史教育又是根本。"本国史学一科,实为无老无幼,无男无女,无智无愚,无贤无不肖所当从事,视之如渴饮饥食,一刻不容缓者也。"② "倘若中小学里头没有好好的国史教育,国民性简直不能养成。"③ 需要指出的是,梁启超的上述见解实代表了近代许多志士仁人的共识。例如,1904年《江苏》上刊有《民族精神论》一文,即指出:"民族之精神滥觞于何点乎?曰其历史哉!其历史哉!"④ 章太炎则将爱国主义比作庄稼,以为其培育同样需要浇水施肥,这即是历史教育。他说:"不然,徒知主义之可贵,而不知民族之可爱,吾恐其渐就萎黄也。"⑤ 包括梁启超在内,他们不约而同,都强调"悠悠万事,唯此为大",欲培育国人的爱国心,于此事绝不容等闲视之。这对于我们今天的爱国主义

---

① 《治国学杂话》,载《饮冰室合集·专集》(71),第26页。
② 《新史学》,载《梁启超选集》,第283页。
③ 《我对于女子高等教育希望特别注重的几种学科》,载《饮冰室合集·文集》(38),第5页。
④ 张枬、王忍之编《辛亥革命前十年间时论选集》第一卷下册,生活·读书·新知三联书店1960年版,第840页。
⑤ 章太炎:《章太炎全集》(四),上海人民出版社1985年版,第371页。

教育，当具有重要的启发意义。

其三，要有"大国民之器度"。

近代中国，列强环伺，民族可危。在此种情势下，倡言弘扬民族精神和爱国主义，固然顺乎天应乎人；但是，如何能超越狭隘的民族主义情绪，正确处理爱国主义与世界主义的关系，却是需要更高的智慧与理性。梁启超从一开始便遇到了这一个问题，但是他的认识显然有一个过程。1899 年，他在《答客难》中说："有世界主义，有国家主义。无义战非攻者，世界主义也；尚武敌忾者，国家主义也。世界主义，属于理想，国家主义，属于事实。世界主义，属于将来，国家主义，属于现在。今中国岌岌不可终日，非我辈谈将来道理想之时矣。故坐吾前此以清谈误国之罪，所不敢辞也。谓吾今日思想退步，亦不敢辞也。"① 梁启超显然未能理直气壮地将同仇敌忾的爱国主义与世界主义统一起来，他认为国家主义是现实的需要，世界主义只是未来的理想，以为国难当头，强调世界主义只能是清谈误国。这在实际上，是将二者对立起来了。到

---

① 《饮冰室合集·专集》(2)，第 39 页。

一、梁启超的中华民族精神论

1902年他著《新民说》,仍不脱此种困惑:"今世学者,非不知此主义之为美也,然以其为心界之美,而非历史上之美。故定案以国家为最上之团体,而不以世界为最上之团体。""国也者,私爱之本位,而博爱之极点,不及焉者野蛮也,过焉者亦野蛮也。何也,其为部民而非国民一也。"[①] 其后,梁启超的认识渐生变化,尤其是游欧归来,豁然开朗,他更明确倡言要"建设一种'世界主义的国家'"。他说:"国是要爱的,不能拿顽固褊狭的旧思想,当是爱国。因为今世国家,不是这样能够发达出来。我们的爱国,一面不能知有国家不知有个人,一面不能知有国家不知有世界。我们是要托庇在这国家底下,将国内各个人的天赋能力,尽量发挥,向世界人类全体文明大大的有所贡献。"[②] 梁启超当然没有忘记世界大同为期尚早,中国依然面临着列强的威胁,但他现在却是理直气壮地强调讲爱国主义,即弘扬民族精神、振兴中华,与世界主义是统一的,因为中国的复兴恰恰可以为全人类的文明作出更大的贡献。这就是主张既要讲爱国主义,又要超越

---

① 《饮冰室合集·专集》(4),第18页。
② 《饮冰室合集·专集》(23),第21页。

狭隘的民族主义,梁启超称之为"大国民之器度"①:"我们做中国国民,同时做世界公民。所以一面爱国,一面还有超国家的高尚理想。"②梁启超是一位真正具有世界眼光的现代学者,于此可见一斑。同时,也不难看出,长期以来论者多斥游欧归来后的梁启超倒退了,他们实未读懂这位智者。

其四,"要靠新出来的青年"。

梁启超一生重视青年人。早年他即写过《少年中国说》,热情地倡言:"少年智则国智","少年进步则国进步",中国的希望"全在我少年"。③晚年梁启超对新文化运动催生新青年,深表敬意,他愈加坚信中国的进一步变革发展,"要靠新出来的青年,不能责望老辈"④。他说:"将来新社会的建设,靠的是这些人。""所以我对于现在青年界的现象,觉得是纯然可以乐观的。"⑤在梁启超看来,所谓民族精神的淬厉发

---

① 《国民浅训》,载《饮冰室合集·专集》(32),第15页。
② 《欧游心影录》,载《饮冰室合集·专集》(23),第150页。
③ 《饮冰室合集·文集》(5),第12页。
④ 《欧游心影录》,载《饮冰室合集·专集》(23),第24页。
⑤ 《梁启超选集》,第770页。

一、梁启超的中华民族精神论

扬,归根结底,也有赖于新青年,因为"青年无望,则国家的文化便破产了"①。也唯其如此,梁启超高度重视青年教育。欧游归来后,他放弃了政治活动,风尘仆仆,奔走于南北各大学,全身心投入了教育事业。梁启超苦口婆心,教书育人,其重点有二:一是教导学生对中华文化当心怀敬意,要有宏扬光大的使命感。梁启超强调吸收外来新文化的重要性,但是反对妄自菲薄,蔑弃固有的遗产。他在东南大学演讲时说:"诸君听了我这夜的演讲,自然明白我们中国文化,比世界各国并无逊色。那一般沉醉西风,说中国一无所有的人,自属浅薄可笑。""所以我很愿此次的讲演,更能够多多增进诸君以研究国学的兴味。"②在清华,则对即将出国的学生这样说:"诸君归国之后,对于中国文化有无贡献,便是诸君功罪的标准。"即便你学成一位天字第一号形神毕肖的美国学者,若于中国文化的发展没有作用,便毫无意义,因为我们尽可以直接从美国引进一批蓝眼睛的大博士,又何必诸君呢?"诸君须要牢牢记着,你不是美国学生,是中国留学生。

---

① 《清华研究院茶话会演说辞》,载《饮冰室合集·文集》(43),第8页。
② 《治国学的两条大路》,载《饮冰室合集·文集》(39),第119页。

如何才配叫做中国留学生,请你自己打主意罢!"① 二是教导学生要爱国。他说:将来你们当中会有当政治家的,但须记取,"政治家以忠于国家为惟一的伦理",断不容为他国利益而损害国家,否则即是谋叛。爱国未必都要去当政治家,无论何种职业,都是国家所需要的。所以,重要的是,"常常把爱国精神镕注在自己职业里头作职业生命。必如此,然后这种职业才有他存在的意义和价值"。比如,当教师不是为了工资,给学生知识便了事,而要想到自己是在为国家与社会培养有用的人才,因而责任重大。总之,每一个人"都可以在自己职业范围内充分尽自己对于国家的责任"。② 梁启超实是在教导学生:爱国不是抽象的,每一个人都应当从我做起。长期以来,人们只看到了梁启超受胡适影响转向整理国故的事实,但却轻忽了他本人所一再申明的治国学有"两条大路":知识层面的与人生哲学的,而自己区别于胡适诸人,恰在于更看重后者。这就是教书育人:借重历史文化教育,引导

---

① 《治国学杂话》,载《饮冰室合集·专集》(71),第26、27页。
② 《如何才能完成"国庆"的意义》,载《饮冰室合集·文集》(42),第52、53页。

青年光大中华民族精神，高扬爱国主义。而这也正是梁启超的中华民族精神论与其整个文化思想衔接更富深刻内涵之点。

（四）结语

近代中国，民族主义持续高涨，其核心是"民族建国"，即建立独立的以宪政为基础的现代国家。与此相应，"民族""民族主义""民族精神""现代国家""爱国主义"等，一套话语系统也被引入了中国。梁启超既是近代中国这套话语系统最有力的创建者，他自然也成为了近代倡言民族主义最为有力的布道者。但是，我们还要看到，梁启超的中华民族精神论，又构成了其民族主义的逻辑起点与根本的思想基础。

梁启超坚信国有与立，中华民族数千年生生不已，自有其壮阔善美的国魂即民族精神在。这一点既导引他执着地揭示并维护中华民族共同的民族认同与整体的国家利益，更成为他一生追求救国真理，虽历千辛万苦而矢志不渝的最重要的精神支柱。所以，他晚年这样教导子女："中国病太深了，症候天天变，每变一症,病深一度,将来能否在我们手上救活转来,真不敢说。但国家生命民族生命总是永久的(比个人长的),我们总是做我们责任内的事,成效如何,自己能否看见,都不必管。"[1] 与此同时,同样可贵的是,他又看到了民族精神不是一成不变的,必须与时俱进,因而较时人更加自觉地对民族精神进行了系统而深刻的反省,表现了大无畏的辩证思维。也因是之故,梁启超的中华民族精神论形成了自己内在的张力,这正是他能够成为一生主张多变而不离其宗的,富有生机与活力的一位伟大爱国者的根本所在。

梁启超对于中华民族精神内涵的概括,也许并不完备,但并不缺乏深刻。尤其是他强调爱国是民族精神的核心,并形成了自己系统的"爱国"论,集中反映了时代精神,也构成了其民族精神论中最精彩的部分。[2] 梁启超主张,弘扬与培育中华民族精神,应强调民族自省与自信的统一、爱国主义与世界主义的统一、寄希望于青年与加强青年教育的统一,实已形成了相当系统的思考。这些对于我们今天进一步研究如

---

[1] 《梁启超年谱长编》,第1114页。
[2] 参见郑师渠:《梁启超的爱国论》,《河北学刊》2005年第4期。

何弘扬与培育中华民族精神，显然都具有重要的启发意义。

　　最后还要指出的是，近年来，西方学者注意研究东方的民族主义，但是，多持否定的态度，有失简单化。就中国而言，应当承认，近代的民族主义基本上是健全的爱国论。这一点，只需看看梁启超这位近代重要思想家与爱国者的上述中华民族精神论，不是就很清楚了吗！

二、梁启超的爱国论

近代中国,内忧外患,国难当头。也唯其如此,志士继起,爱国主义空前高涨。梁启超不仅是近代著名的爱国者,而且是甲午战争后,中国与忠君相联系的传统爱国思想在实现向现代意义的爱国主义转换过程中,最具代表性的人物。梁启超最早揭橥现代意义的爱国主义旗帜,也是近代系统阐发爱国论的第一人。他思想敏锐,集思想家与政治家于一身,这又决定了他的爱国论不是抽象的说教,而是与其政治论相一致,具有现实性意义的思想指导,故虎虎有生气,在近代不同的历史阶段上,产生了广泛的影响。尤其是民国后,梁启超的爱国论复与自己提出的"国民之自觉心"相联系,并寄语新青年,从而使自己的爱国主义具有了愈加开阔的视野与宏富的内涵,提升到了新的境界。

二、梁启超的爱国论

(一)从《说群》到《爱国论》

"爱国主义是由于千百年来各自的祖国彼此隔离而形成的一种极其深厚的感情。"[①] 但是,也须指出,各国人民对于自己祖国的此种深厚的感情,在一个很长的历史时期里,是不自觉的。爱国或爱国主义,成为一种自觉的思想主张与社会伦理,是与近代民族国家的形成与发展相适应的。

在欧洲,民族的形成可以追溯到中世纪早期,但民族意识却是很久以后才出现的。"整个中世纪时代,一个人首先是个基督徒,其次是他家乡地区的人,再次(假如必要的话),才是一个法国人或德国人。教会是无所不包的,所以在很长的时间里,从理论上讲,教会就是国家。"[②] 文艺复兴和宗教改革使人发现了自己的价值,实现了对神的解放,从而也使人们的忠诚

---

① 中央编译局列宁斯大林著作编译室:《对列宁关于"爱国主义"的一处论述的译文的订正》,见1985年10月13日《光明日报》。

② 〔美〕罗兰德·N. 斯特罗姆伯格:《西洋思想史》,李小群、宋绍远译,五南图书出版公司1990年版,第452页。

由神圣的天国，转移到了世俗的人间，即以国王为中心的封建王朝。同时，开始认识生存其中的民族共同体，民族情感愈益增长。但是，只有到了以"全民族"代表自居的法国资产阶级革命的爆发，令王冠落地，才真正标志着欧洲开始进入了近代民族建国的新时代。所以 G.P. 古奇说："民族主义是法国大革命的产儿。"① 与此相应，公民取代臣民，国家利益取代王朝利益，人们的忠诚最终由封建王朝转向民族的国家，即浸成了现代意义的爱国主义。与欧洲现代意义的爱国主义，径由反抗封建统治的资产阶级革命渐次生成不同，作为后发性的现代国家，中国现代意义的爱国主义于甲午战争之后勃然兴起，却是因三大历史机缘风云际会的结果：战后民族危亡的刺激、戊戌维新运动即反抗封建统治的资产阶级民主运动的兴起、西方社会进化论的传播。体现三者的有机结合，最初揭橥现代意义的爱国主义旗帜的先进人物，正是梁启超。

---

① 转引自李宏图：《西欧近代民族主义思潮研究》，华东师范大学博士论文稿本，1993 年 5 月，第 11 页。

二、梁启超的爱国论

"梁氏是一位感觉最灵敏的人。"[1] 梁启超在戊戌时期虽然仅是康有为的助手,但他对于西学的感悟能力,实可谓"青出于蓝而胜于蓝"。维新派倡言变法图强,固然是将变革封建政治与民族救亡相统一,而"保国、保教、保种"的口号,则表明民族主义乃是他们以全民族代表自居发出的最强音。维新派高扬民族主义,其最重要的理念之一,无疑是"合群"说。1895年,康有为在《上海强学会后序》中说:"荀子言物不能群,惟人能群,象马牛驼不能群,故人得制焉。""故一人独学,不如群人共学;群人共学,不如合什百亿兆人共学。学则强,群则强,累万亿兆皆智人,则强莫与京。"[2] 梁启超也曾指出:"启超问治天下之道于南海先生。先生曰:以群为体,以变为用。斯二义立,虽治千万年之天下可已。"[3] 在这里,"合群"的理念已内含近代爱国的意蕴。人所共知,包括"合群"的理念在内,维新派民族主义的思想源头和理论依据,盖出于严复

---

[1] 郑振铎:《梁任公先生》,转引自夏晓虹编《追忆梁启超》,中国广播电视出版社1997年版,第89页。
[2] 汤志钧编《康有为政论集》上册,中华书局1981年版,第172页。
[3] 《说群序》,载《饮冰室合集·文集》(2),第3页。

翻译的《天演论》。《天演论》"于自强保种之事，反复三致意焉"，且明确强调"善保群者，常利于存；不善保群者，常邻于灭，此真无可如何之势也"。[①] 梁启超在给严复的信中说，康有为于《天演论》极为推崇："南海先生读大著后，亦谓眼中未见此等人。如穗卿，言倾佩至不可言喻。惟于择种留良之论，不全以尊说为然，其术亦微异也。"[②] 需要指出的是，康有为的"合群"说并未全然照搬《天演论》，于其主张"择种留良"，尤其不以为然，着意突出了"合群"即加强群体固结本来的意义。这是康有为的特殊之处。但是，康有为于"合群"说，毕竟并未作系统的阐释；相反，追随乃师的梁启超，1896 年在完成了有名的《变法通议》之后，却"又思发明群义"，在整合严复译《天演论》、康有为主张与谭嗣同"仁学"思想的基础上，计划"作说群十篇，一百二十章"[③]，虽然最终仅完成了《说群序》，却有力地将"合群"理念所包含的现代爱国主义的意蕴，进一步丰富和突显了。

---

① 严复：《严复集》第五册，中华书局 1986 年版，第 1321、1394 页。
② 《梁启超选集》，第 42、43 页。
③ 《说群序》，载《饮冰室合集·文集》(2)，第 3 页。

二、梁启超的爱国论

梁启超借助西学关于"吸力""拒力""爱力""离心力""六十四原质相和相配",以及"造物""化物""合群""离群"等等新的概念,演绎"群理"。他说:"群者,天下之公理也。""夫群者万物之公性也。"国乃合群的结果。"以群术治群,群乃成。以独术治群,群乃败。"何谓独术?即人人皆知有己,不知有国。其结果是一盘散沙,有四万万之民,即有四万万之国,实则为"无国"。天下有列国,故有己群与他群的分别与竞争。善治国者,必须懂得君民同为一群中人,善于"使其群合而不离,萃而不涣。夫是之谓群术"。要言之,所谓"合群",就是要使国人万众"一心";所谓"亡国",就是"土崩"与"瓦解",即"离群之谓也"。① 梁启超所谓的"说群",就是要揭示国人当超越个体,以群体即国家的共同利益为重,加强全体国人的凝聚力的根本道理。很显然,在梁启超的文中,"爱国"一词虽未出现,但现代意义的爱国主义思想主张,已是呼之欲出了。

梁启超最终形成并明确地提出爱国主义的思想主

---

① 《说群序》,载《饮冰室合集·文集》(2),第4、5、7页。

张，当是在1899年。其最重要的标志，就是当年2月发表的长文《爱国论》。据笔者所知，这里的"爱国"一词，是近代史上首次出现的。该文则既是近代论爱国的第一篇文章，同时也是梁启超本人专论爱国唯一的一篇文章。是文开宗明义，以十分尖锐的形式和充满感情色彩的语调，揭出了"爱国"的主题，它写道："泰西人之论中国者，辄曰：彼其人无爱国之性质"，人心涣散，一盘散沙，至今落到了任人宰割的地步。"故哀时客曰：呜呼！我四万万同胞之民，其重念此言哉！"就对于现代意义的爱国的理解而言，梁启超的《爱国论》诸文提出的以下观点，尤其值得重视：

其一，爱国是现代的理念。梁启超在《爱国论》中认为，中国人并非缺乏爱国心，而是因为中国自古一统，称禹域，谓之天下，故无现代国家的概念。"既无国矣，何爱之可云？"[①] 所以，只能说国人爱国性质隐而未明，不能说缺少爱国的性质。如果说，这已经是在强调爱国是现代的理念，那么，1902年在《论民族竞争之大势》一文中，梁启超明确指出了近代"民

---

① 《饮冰室合集·文集》(3)，第66页。

二、梁启超的爱国论

族建国"的历史趋势与欧洲各国爱国思潮的关系,无疑是将此一理念进一步深化了。他说:欧洲中古前也常视其国为天下,"所谓世界的国家……故爱国心不盛,而真正强固之国家不能立焉。按吾中国人爱国心之弱,其病源大半坐是,而欧人前此亦所不能免也"。近数百年来,欧洲民族主义发生,各国因势利导,"建造民族的国家",爱国思潮也缘是大盛。由是可知,"民族主义者,实制造近世国家之原动力也"。[①]同年,在《新民说》中,他对"民族建国"更作了进一步说明:"……民族建国问题。一国之人,聚族而居,自立自治,不许他国若他族握其主权,并不许干涉其毫末之内治,侵夺其尺寸之土地,是本国人对于外国所争得之自由也。"而"组织民族的国家",还需创代议制度,使人民得以参与政权,"集人民之意以为公意,合人民之权以为国权";复定团体与个人、中央政府与地方自治的权限,各不相侵,"民族全体得应于时变,以滋长发达"。所以,梁启超强调,中国当务之急,就是"民族建国问题而已"[②],即"亦先建设一民族主义之国家而

[①] 《论民族竞争之大势》,载《饮冰室合集·文集》(10),第10、11页。
[②] 《新民说》,载《饮冰室合集·专集》(4),第41、11、44页。

已"①。显而易见,梁启超所谓的"民族建国",就是建立一个民族民主的现代国家。

其二,民族危亡激发了国人的爱国情感。梁启超说,甲午以前,士大夫忧国难,谈国事者,几绝。但战后中国割地赔款,创深痛巨,"于是慷慨爱国之士渐起,谋保国之策者,所在多有",原因即在于民族危亡的刺激。明白这一点,也就不难理解,何以备受外人歧视、欺凌的海外华人与香港人,其爱国情感要较内地更为强烈。若华人都能了解当下的中国与列强如何不平等,"则爱国之热血,当填塞胸臆,沛乎莫之能御也"②。1903年,梁启超赴美,适逢中国驻旧金山领事馆一名随员为美警察辱殴自戕事,大为愤慨,曾作挽诗,其中说:"国权堕落嗟何及,来日方长亦可哀;变到沙虫已天幸,惊心还有劫余灰。"③他感触益深,因之十分正确地引出了这样的结论:"外国侵凌,压迫已甚,唤起人民的爱国心。"④

---

① 《论民族竞争之大势》,载《饮冰室合集·文集》(10),第35页。
② 《爱国论》,载《饮冰室合集·文集》(3),第67、68页。
③ 《新大陆游记节录》,载《饮冰室合集·专集》(22),第104页。
④ 《新中国未来记》,载《饮冰室合集·专集》(89),第5页。

二、梁启超的爱国论

其三,爱国是现代社会的伦理。梁启超强调,"国家为近世史新产","夫国家者,一国人之公产也",它与被专制君主视为一人私产的传统国家,已是不可同日而语。故"我国自昔未尝以爱国大义为伦理一要素"①,而爱国大义却是现代社会不可或缺的一大伦理要素。这即是说,爱国乃"天下之盛德大业"②,国人当明白个人小我对于国家大我的责任。他说:"吾非敢谓身家之不当爱也。然国者,身家之托属,苟非得国家之藩楯,以为之防其害患,谋其治安,则徒挈此无所托属之身家,累累若丧家之狗,皮之不存,毛将焉附?……然非先牺牲其身家之私计,竭力以张其国势,则必不能为身家之藩楯,为我防害患而谋治安。故夫爱国云者,质言之,直自爱而已。人而不知自爱,固禽兽之不若矣。"③

由上不难看出,从《说群》到《爱国论》,梁启超于戊戌前后形成的爱国主义思想,不仅如上所述,体

---

① 《中国前途之希望与国民责任》,载《饮冰室合集·文集》(26),第19、20页。
② 《意大利建国三杰传》,载《饮冰室合集·专集》(11),第1页。
③ 《论中国国民之品格》,载《饮冰室合集·文集》(14),第2页。

现了民族危亡、资产阶级反封建要求与社会进化论三大要素整合的时代特点,而且明显地已由"物竞天择,适者生存"简单的进化论层面,跃升到了以建立民族国家为基点的社会政治论的基础之上,从而具备了更加完整的现代意义。

(二)爱国与救国

在梁启超看来,爱国固然因人而异,可以有许多具体的内涵和多样化的途径,但是,在国势陵夷,危若累卵的当今中国,爱国首先必须考虑如何救国。"呜呼!中国之弱,至今日而极矣。居今日而懵然不知中国之弱者,可谓无脑筋之人也;居今日而恝然不思救中国之弱者,可谓无血性之人也。"真正的爱国者,应当认真思考救国良策并付诸实践:"我同胞有爱国者乎?按脉论而投良药焉。"①

"爱国之心薄弱,实为积弱之最大根源。"② 但所以然者,原因并不仅仅在于传统的天下观使国人只知天

---

① 《中国积弱溯源论》,载《饮冰室合集·文集》(5),第12、14页。
② 《中国积弱溯源论》,载《饮冰室合集·文集》(5),第14页。

二、梁启超的爱国论

下,不知有国;更重要还在于专制君权对于国人的压制,造成了人心的冷漠与散乱。梁启超认为,未有子弟不爱家,不视家事为己事,但唯奴隶未见真爱其家,因为他认为那是主人的事。国事亦然。所以,欲观其国民有无爱国心,必当问其民是否自居子弟或奴隶的地位。专制君主视民为奴隶,民于国家既不敢爱,也不能爱,唯有漠然视之而已。这就是何以民主的西方各国"有一民即有一爱国之人",而中国则恰恰相反,"有国者只一家之人,其余则皆奴隶也。是故国中虽有四万万人,而实不过此数人也。夫以数人之国与亿万人之国相遇,则安所往而不败也"。所以,问题的逻辑结论是不言自明的,欲唤起国人的爱国心以救国家,端在反对专制君权而兴民权:"故言爱国必自兴民权始。"梁启超写道:有人或者要问,奈何朝廷压制民权?"答之曰:不然,政府压制民权,政府之罪也。民不求自伸其权,亦民之罪也。"西人视自由权利为生命,不惜流血奋斗。"故未有民不求自伸其权,而能成就民权之政者。"中国人不知民权为何物,实为奴性的表现,如此与西人竞,自然无不败。但以民权号召天下,光绪皇上将何如?梁启超回答仍然是明快的:

民权与民主有异，英国民权发达，皇位仍存。但欲存皇位，也仍需以兴民权为前提："然则保国尊皇之政策，岂有急于兴民权者哉！"① 如前所述，梁启超曾强调外国的侵略，激起了国人的爱国心；在这里，他复强调专制君权之"压抑之蹂躏之，民不堪命，于是爱国之义士出"②，其爱国主义思想所具有的反帝反封建的鲜明特质，是十分鲜明的。

但是，需要指出的是，梁启超"按脉论而投良药"，其救国的方案，并非一成不变，而是因时而异的。换言之，他的爱国主义思想的具体内涵，与时俱变。在戊戌时期，他强调："变法之本，在育人才；人才之兴，在开学校；学校之立，在变科举；而一切要其大成，在变官制。"③ 戊戌政变后，他亡命日本，一时思想日趋激进。1899年，他撰《爱国论》，如上述倡言爱国者必自兴民权始，已反映了这一点。1902年复撰《新民说》。广智书局后发行《中国魂》单行本，即为《新民说》的一部分。而梁启超以为"中国魂"就是国人的

---

① 《爱国论》，载《饮冰室合集·文集》(3)，第70、73、75、77页。
② 《论政府与人民之权限》，载《饮冰室合集·文集》(10)，第3页。
③ 《变法通议》，载《梁启超选集》，第13页。

二、梁启超的爱国论

"爱国心"。① 所以,《新民说》虽有丰富的内容,但在很大程度上,也可以说,它是在强调要培养与造就具有现代爱国精神的国民。在《新民说》中,梁启超思想之激烈程度更达到了顶点。他强调,国家不同于朝廷,前者如公司或村市,后者则为公司事务所或村市会馆,二者性质、轻重不同,应以哪个为本,"不待辨而知"。故有国家思想者,常爱朝廷,而爱朝廷者,未必皆有爱国思想。"朝廷由正式而成立者,则朝廷为国家之代表,爱朝廷即所以爱国家也。朝廷不以正式而成立者,则朝廷为国家之蟊贼,正朝廷乃所以爱国家也。"梁启超显然是认为现在由西太后控制的朝廷是非法的,无可爱的,所以他断然说:"然则救危亡求进步之道将奈何?曰:必取数千年横暴混浊之政体,破碎而齑粉之。"如若必要,行"有血之破坏"②,也在所不惜。不仅如此,梁启超在文中还充分肯定立宪、革命两派都是出于爱国的热忱,对于立宪、革命两主义,表现出了包容的态度,甚至主张二者应"互相协助"。他说:"今日之中国,宜合全国上下以对列强者也,

---
① 《自由书·中国魂安在乎》,载《饮冰室合集·专集》(2),第38、39页。
② 《新民说》,载《饮冰室合集·专集》(4),第16、17、64、65页。

藉曰未能，则亦宜合全国民以对政府。立宪革命两者，其所遵之手段虽异，要其反对于现政府则一而已。"① 足见其倾向革命，难怪乃师康有为大为震怒了。

但是，1903年梁启超的政治思想又突然发生了大转折，先前所谓的"破坏主义""革命排满"，全行放弃，退回渐进立场，而与革命派对立。对此学界已有太多的论述。从总体上看，人们多将之归于以下三方面的原因：革命形势高涨引起的忧虑；师友的劝说；美洲游历的影响。② 但是，迄今尚未见有人从梁启超爱国思想自身逻辑的角度立论。在梁启超爱国主义的思想中，有一个重要的观点值得重视，即认为爱国是绝对，谋国的政策是相对，只要是真正的爱国者，见智见仁，不妨殊途同归。1902年，他在《意大利建国三杰传》中即提出："真爱国者，其所以行其爱之术者，不必同，或以舌，或以血，或以笔，或以剑，或以机；前唱于而后唱喁，一善射而百决拾，有时或相歧相矛盾相嫉敌，而其所向之鹄，卒至于相成相济而

---

① 《新民说》，载《饮冰室合集·专集》(4)，第161页。
② 李喜所、元青：《梁启超传》，人民出版社1993年版，第九章。

二、梁启超的爱国论

罔不相合。"①1905年,他又在《德育鉴》中说:"此言为道与为学,两不相妨也……如诚有爱国之心,自能思量某种某种科学,是国家不可缺的,自不得不去研究之。又能思量某种某种事项,是国家必当行的,自不得不去调查之。""则其所以救国者,无论宗旨如何,手段如何,皆百虑而一致,殊途而同归也。"②直到晚年,他仍持同样的观点:"政策无绝对的是非利害,只要是以国家为前提,则见仁见智,终可以有两相反的议论,而彼此都不失为爱国者。"③由是以进,我们对于梁启超,便可有进一步"同情的理解"。1903年,梁启超游美,曾与各埠华人有广泛的接触,由是生两大观感:一是华人富有爱国心。他说:"(哈佛)全市华人不过百余,而爱国热心不让他埠。"尤其是容闳先生已76岁高龄,"舍忧国外无他思想,无他事业也。余造谒两时许,先生所以教督之劝勉之者良厚,策国家之将来,示党论之方针,条理秩然,使人钦佩"。二是华人素质之

---

① 《意大利建国三杰传》,载《饮冰室合集·专集》(11),第1页。
② 《德育鉴》,载《饮冰室合集·专集》(26),第39、42页。
③ 《如何才能完成"国庆"的意义》,载《饮冰室合集·文集》(42),第60页。

差。旧金山华人社区社会秩序混乱,中华会馆等团体内部宗派林立,一盘散沙,百事废弛。"若是者名之为暴民专制政体。"久受专制约束的国人来到号称最自由的美国,虽不乏爱国爱乡之心与勤勉,却非但没有变成现代的国民,反而劣根性愈加膨胀,实出梁启超的意料之外。立宪共和"美非不美,其如于我不适何?"他深感中国问题不容理想化,即行立宪共和政体,"是无异于自杀其国"。"中国国民只可以受专制,不可以享自由。"中国需要管、商、克伦威尔一类人物再生,"雷厉风行,以铁以火,陶冶锻炼吾国民二十年、三十年乃至五十年,夫然后与之读卢梭之书,夫然后与之谈华盛顿之事"。[①] 由是,他转而主张"开明专制"论。梁启超政治思想的上述变化,不仅招致革命党的抨击,而且在立宪党中也遭到非议,以为出尔反尔,无非好名。事实上,在受"左"的思潮影响的年代,学界也多斥之为反动。然而,如果我们从梁启超爱国主义思想自身的逻辑看问题,就不会简单抹杀其自身的合理性。在梁启超看来,爱国固然是无条件和绝对的,但

---

① 《新大陆游记节录》,载《饮冰室合集·专集》(22),第45、123—124页。

二、梁启超的爱国论

具体的政策与主张，因时因人而异，却不应当是凝固的。这个原则对于持论不同的爱国者来说，就是当尊重意志自由和追求殊途同归的互补性；对于真诚爱国的个人来说，"按脉论而投良药"，也应当承认人的认识有一个过程，自觉今是而昨非，因而适时修正其药方，也是允许的。梁启超强调，在专制君权下，国家成了一人私产，压抑了国人的爱国心，造成了民族涣散无力，是对的；但他相信民权既得，国人即可由传统的部民变成现代的国民，从而得以举全国人之力办一国之事，不出数十年，中国也将如西人然，"举全地球而掩袭之，民权之效，一至于此"①，则显然又失之理想化了。美国华人社区尖锐的现实，令他幡然思变计，也当在情理之中。所以，《梁启超年谱长编》说，"这便是先生考察日多，见闻益广，历练愈深的结果"②，是比较客观的。此外，1903年又是梁启超放弃卢梭民权论，转而接受伯伦知理国家学说的重要年头。后者主张国家有机论，强调统一与秩序对一个国家强盛的极端重要性。是年，梁启超发表《政治学大家伯伦知

---

① 《爱国论》，载《饮冰室合集·文集》(3)，第75页。
② 《梁启超年谱长编》，第334页。

理之学说》一文,其中说:"深察祖国之大患,莫痛乎有部民资格而无国民资格",以视欧洲各国大不同,"故我中国今日所最缺点而最急需者,在有机之统一与有力之秩序,而自由平等直其次耳。何也,必先铸部民使成国民,然后国民之幸福乃可得言也"。① 这与梁启超"为道与为学,两不相妨"的理念,也是相通的。所以,所谓"革命形势高涨引起的忧虑"与"师友的劝说",都是第二位的原因;新的经验与新的学理皈依,二者互相发明,愈益坚定了梁启超爱国主义思想自身逻辑的推演,才是第一位的原因。

诚然,其后的历史发展业已证明,革命是它的最终取向。从这个意义上说,梁启超政治思想的转变是一种后退。但是,近年来学界对辛亥革命史的研究已超越了革命、改良二元对立的传统思维模式,并形成了新的共识:革命派、立宪派都是代表资产阶级利益的政治派别,其各自坚持激进与渐进的政治主张,应当看成是二者谋求解决面临的共同问题,所设计的具体救国方案之不同。革命派与立宪派虽不应等量齐观,

---

① 《饮冰室合集·文集》(13),第69页。

二、梁启超的爱国论

但从根本上说,却又是互补的(如上所述,实际上梁启超在《新民说》中也已经提到了)。从这个意义上说,梁启超政治思想的转变,又非简单的倒退,必须实事求是地看成为他是依自己爱国的理路,做了自己认为应该做,并且做出了同样有助于中国社会进步的事业。明白了这一点,便不难理解何以民元初梁启超初归国演讲,会那样理直气壮,以为晚清革命与立宪两派,各有得失了。

近代爱国者众,但能致思救国道路且产生实际影响者,毕竟不多。梁启超无疑是其中的翘楚。毛泽东说,近代的志士仁人为向西方寻求救国真理,曾走过了千辛万苦的道路。这不仅是指众人前仆后继之谓也,而且也是指一个爱国者虽不免于失误与曲折,却能执着探索救国道路,始终保持爱国的真诚。耐人寻味的是,当年梁启超在回应时人非议的《答和事人》一文中,曾写道:"吾向年鼓吹破坏主义,而师友多谓为好名;今者反对破坏主义,而论者或又谓为好名。顾吾行吾心之所安而已……要之,鄙人之言其心中之所怀抱而不能一毫有所自隐蔽(非直不欲实不能也)。此则其一贯者也。"[①] 所谓"吾心之所安",实指爱国之志;所谓"其一贯者",真诚之谓也。联系到民国后,梁启超坚持"不问国体,只问政体"的初衷,不惜冒生命危险和与乃师的对立,两度成为再造共和的功臣,我们不能不相信梁启超虽"善变",但自有"其一贯者",即爱国之真诚。郑振铎先生深得梁启超之心,他在梁启超去世后写下的下面一段话,有助于我们进一步理解梁启超:

> ……然而我们当明白他,他之所以"屡变"者,无不有他的最强固的理由,最透澈的见解,最不得已的苦衷。……他的"变",并不是变他的宗旨,变他的目的;他的宗旨他的目的是并未变动的,他所变者不过方法而已,不过"随时与境而变",又随他"脑识之发达而变"其方法而已。他的宗旨,他的目的便是爱国。"其方法虽变,然其所以爱国者未尝变也。"……惟其爱的是国,所以他生平"最爱平和惮破坏"(《盾鼻集,在军中敬告国

---

① 《梁启超年谱长编》,第334页。

人》),所以他在辛亥时代则怕因变更国体之故而引起剧战,在民国元二年之交,则又"惧邦本之屡摇,忧民力之徒耗"而不惜与袁世凯合作。惟其爱的是国,所以他不忍国体屡更,授野心家以机会,所以他两次为共和而战,护国体,即所以护国家……①

(三)爱国与"国民之自觉"

近代中国,内忧外患,命途多舛。这一方面固然更加激起了无数志士仁人的爱国热诚,但是,另一方面又令意志薄弱者常生悲观之思。唯其如此,在近代史上,强国梦与亡国论,复又交织并起。梁启超难能可贵,即在于虽经历了千辛万苦,对中华民族的必定复兴,终其一生,矢志不渝。

梁启超认为,国家与个人然,"生于希望"。人生有两世界:就空间言,有实迹界,有理想界;就时间言,有现在界、未来界。前者属于行为,后者属于希望。

---

① 郑振铎:《梁任公先生》,转引自夏晓虹编《追忆梁启超》,中国广播电视出版社1997年版,第88、89页。

"现在所行之实迹,即为前此所怀理想之发表,而现在所怀之理想,又为将来所行实迹之券符。然则实迹者理想之子孙,未来者现在之父母也。"故人类胜于禽兽,文明人胜于野蛮,就在于"有希望故,有理想故,有未来故"。① 抱希望愈大,其进取冒险之心愈雄健。越王勾践与摩西的故事已说明了这一点。他说:"诸君啊,要知道希望是人类第二个生命,悲观是人类活受的死刑。一个人是如此,一个民族也是如此。"② 所以,爱国者必当是对国家的复兴抱无限的希望者。"中国无可亡之理,而有必强之道。"③ 他的《论中国之将强》《中国前途之希望与国民责任》《大中华发刊辞》诸文,无非对此无限之希望,三致意焉。但梁启超没有停留于中国地大物博、人口众多、智慧并不亚于西人等等的铺陈,其独到之处,是揭出了"国性"说,以为立论的基础。他指出,国有与立,中国历时数千年,生生不已,本身已说明它久已浸成了独有的"国性"。所

---

① 《新民说》,载《饮冰室合集·专集》(4),第25页。
② 《辛亥革命之意义与十年双十节之乐观》,载《饮冰室合集·文集》(37),第12页。
③ 《论中国之将强》,载《饮冰室合集·文集》(2),第13页。

二、梁启超的爱国论

谓国性,虽耳不可得而闻,目不可得而见,但其具象于语言文字思想宗教习俗中,仍依稀可辨。它沟通国人的德慧术智,纲维国人的情感爱欲,成为凝聚民族最强大的精神力量。一个国家遭瓜分之祸,多缘内部分裂,而分裂的原因无非有三:"国内种族相争""国内小国相争""国内宗教相争"。① 而中国历史上统一的时间长,纷争的时间短,其人种地势与宗教皆形成了大一统的传统,外人实无隙可乘。"呜呼!吾国民乎,以吾侪祖宗所留贻根器之深厚,吾侪所凭藉基业之雄伟,吾侪诚不自亡,谁得而亡我者!"国性成之固难,毁之亦不易。故"吾就主观方面,吾敢断言吾国之永远不亡;吾就客观方面,吾敢断言吾国之现在不亡"。② 梁启超所谓的"国性",实际上就是指"民族精神",他的论述未必精当,但却具有很强的说服力。

也唯其如此,梁启超对持"中国必亡"论者,深恶痛绝。在他看来,持是论者愤世嫉俗过甚,不仅颓然自放,且涣散人心,为害甚烈。"质而言之,则持

---

① 《论支那独立之实力与日本东方政策》,载《饮冰室合集·文集》(4),第68页。
② 《大中华发刊辞》,载《饮冰室合集·文集》(33),第85、86页。

中国必亡论者，即亡中国之人也。"① 与此同时，梁启超也反对"自杀主义"。尽管在他看来，忧愤自杀与持"中国必亡"论者，不可同日而语，但毕竟是"志行薄弱之表征"。不自由毋宁死，固然是对的，但是，当以死易自由，不当以死谢自由。中国正需要更多的仁人志士，以唤醒行尸走肉之辈，"浸假别出一途，以实行自杀主义，是我与彼辈同罪也。呜呼！我有意识之国民，其毋自杀"。② 为此，他大声疾呼，表示愿就以下的抱负，与真正的爱国者共勉：微论中国今日并未亡，即令已亡，国人也当继续奋斗！若国土为外人占领过半，则当学拿破仑时代的普鲁士人；使国土而分隶于数国，则当学十九世纪中叶之意大利人；使国土而为一国并吞，则犹当学蒙古时代的俄罗斯人与今日之匈牙利人。应当坚信，有五千年历史与四万万同胞的中国，是不可征服的。"由此言之，则虽中国已亡，而吾侪责任，终无可以息肩之时，而况乎今犹可以几幸不亡于数年或十数年间也。""吾侪其忍更赧然

---

① 《中国前途之希望与国民责任》，载《饮冰室合集·文集》（26），第35页。
② 《自由书·国民之自杀》，载《饮冰室合集·专集》（2），第90页。

二、梁启超的爱国论

自放以掷此至可贵之岁月也。呜呼！吾音哓而口瘏，吾泪尽而血枯，不识国中仁人君子其终肯一垂听焉否也。"[1]这是多么感人至深的肺腑之言！如果说，这还毕竟是对外的公开言论，那么，晚年梁启超在给子女的信中表达的同样情感，就应当说，其真诚愈加令人感动了："……我在今日若还不理会政治，实在对不起国家，对不起自己的良心。""中国病太深了，症候天天变，每变一症，病深一度，将来能否在我们手上救活转来，真不敢说。但国家生命民族生命总是永久的（比个人长的），我们总是做我们责任内的事，成效如何，自己能否看见，都不必管。"[2]这是他去世前两年说的话，可以说，他是不屈不挠，将自己的一生都献给了振兴祖国的事业。

梁启超用心良苦，不仅自己奔走国事，不屈不挠，而且为激励他人，还专门撰写了《中国殖民八大伟人传》《中国之武士道》《意大利建国三杰传》《匈牙利爱国者噶苏士传》等文，刻意表彰中外历史上的

---

[1]《中国前途之希望与国民责任》，载《饮冰室合集·文集》（26），第35、40页。
[2]《梁启超年谱长编》，第1114页。

爱国者。他在《中国殖民八大伟人传》中说:"一民族所崇拜之人物,各有其类,观其类而其民族之精神可见也……作《中国殖民八大伟人传》。"①在《意大利建国三杰传》中,他则强调说,建国前的意大利与中国现状相若,甚至还不如我,故其三杰最值得国人效法。意大利何以成功?"岂有他哉,人人心目中有'祖国'二字。群走集旋舞于其下,举天下之乐,不以易祖国之苦,举天下之苦,不以易祖国之乐。人人心目中有祖国,而祖国遂不得不突出,不涌现。""天下之盛德大业,孰有过于爱国者乎?"真爱国者,其视国事"无所谓艰","无所谓险","无所谓不可为",生死以之而已。所以,只要国人"人人勉为三杰之一、之一体,则吾中国之杰出焉矣,则吾中国立焉矣。作《意大利建国三杰传》"。②

应当说,梁启超的爱国主义思想在晚清还不免染上了浪漫的色彩,他对包括田横、申包胥、张骞、赵武灵王等人在内的中国古代人物牵强附会式的颂扬,就反映了这一点。但是,入民国之后,则显然愈趋理

---

① 《饮冰室合集·专集》(8),第1页。
② 《饮冰室合集·专集》(11),第57、1、2页。

二、梁启超的爱国论

智、开阔与深沉。这主要表现在他进一步将爱国论与自己提出的"国民之自觉心"相联系,从而展现了新的境界。

1915年,梁启超在《敬举两质义促国民之自觉》文中,最早提出了"国民之自觉心"这一概念:"凡能合群以成国且使其国卓然自树立于世界者,必其群中人具有知己知彼之明者也。若是者,无以名之,名之曰国民自觉心。"① "因为有了自觉,自然会自动,会自动,自然会自立。"其后,他一再强调这一概念。所谓"国民之自觉心",就是"具有知己知彼之明",即具有摆脱自我封闭,在走向世界的同时,真正了解中国的人。从具体看,梁启超所谓的"国民之自觉心",其内涵主要有四:

其一,"健全的爱国论"。梁启超认为,辛亥革命最重大的历史意义有二,其一就是让国人从此懂得了"凡不是中国人都没有权来管中国的事"。这便"叫做民族精神的自觉"。② 他在早年就已提出过这样的观点:

---

① 《饮冰室合集·文集》(33),第41页。
② 《辛亥革命之意义与十年双十节之乐观》,载《饮冰室合集·文集》(37),第2页。

所谓"世界主义",是"万数千年后"的事,在现实中,国家毕竟是竞争的最高团体,所以"国也者,私爱之本位,而博爱之极点。不及焉者野蛮也,过焉者亦野蛮也"。① 梁启超已涉及了爱国与"博爱主义""世界主义"的联系与分际问题,但他显然是在强调后者仅是遥远的理想,重要的是要爱现实的国家,故不及固然是野蛮,超过这个范围而奢谈爱,也是荒谬的。这在国家与民族的命运危若累卵的近代中国,自有其合理性,但其存在偏颇与局限,也是显而易见的。此期梁启超再次论及这一问题,但其前后之见解,却已是不可同日而语。他指出,我们须知世界大同为期尚早,国家一时断不能消灭。在国家面临列强环伺、岌岌可危之际,"若是自己站不起来,单想靠国际联盟当保镖,可是做梦哩"。② 故须知合群爱国。所谓自觉心,最重要的一点,就是要懂得全体中国人"像同胞兄弟一般,拿快利的刀也分不开",我们是"'整体的国民',永远

---

① 《新民说》,载《饮冰室合集·专集》(4),第18页。
② 《欧游心影录》,载《饮冰室合集·专集》(23),第20、21页。

二、梁启超的爱国论

不可分裂不可磨灭"。① 但是,与此同时,也要反对"最足为国家进步之障"的"不健全之爱国论",即一种盲目排外,虚骄自大,苟安自欺病态的国人心理;要打破故步自封,"毅然舍己从人以求进益"。② 要言之,所谓"国民之自觉心",就是要提倡"健全的爱国论","我们做中国国民,同时做世界公民。所以一面爱国,一面还有超国家的高尚理想"。③ "国是要爱的,不能拿顽固褊狭的旧思想,当是爱国。……我们的爱国,一面不能知有国家,不知有个人;一面不能知有国家,不知有世界。我们是要托庇在这国家底下,将国内各个人的天赋能力,尽量发挥,向世界人类全体文明大大的有所贡献。"④ 梁启超仍然注意到了爱国与"世界主义"的联系与分际,但其强调的重点,却是在提醒国人要摆脱"不健全的爱国论"。现在,他强调,自觉的健全的爱国论,就是主张"建设世界主义的国家",即讲爱国同时就必须具备世界的视野与助益全人类的胸

---

① 《辛亥革命之意义与十年双十节之乐观》,载《饮冰室合集·文集》(37),第2、3页。
② 《国民浅训》,载《饮冰室合集·专集》(32),第18、19页。
③ 《欧游心影录》,载《饮冰室合集·专集》(23),第150页。
④ 《欧游心影录》,载《饮冰室合集·专集》(23),第21页。

怀。由是观之，梁启超的爱国主义思想，显然大为深化了。

其二，养成"科学的国民"。梁启超早年的爱国论，强调"由爱国之心而发出之条理，不一其端，要之必以联合与教育二事为之起点"①，其中，教育就是指要开民智，培育人才。此期梁启超投身新文化运动，倡导科学，故又进而提出了"科学的国民"的概念。② 他指出，民国以来中国实业的初步发展，显示国人的自觉已迈出了三步："中国人用的东西，为什么一定仰给外国人？"是为首步。"外国人经营的事业，难道中国人就不能经营吗？"是为第二步。"外国人何以经营得好，我们从前赶不上人家的在什么地方？"是为第三步。有了这三步，下面必然要引出第四步，即进一步独立发展本国实业的要求，这就是"用现代的方法，由中国人自动来兴办中国应有的生产事业"。"用现代的方法"，就是用科学的方法。梁启超强调，与西人

---

① 《爱国论》，载《饮冰室合集·文集》(3)，第68页。
② 长期以来，人们多因梁启超反对"科学万能论"，而指斥他反对科学，进而是反对新文化运动，实为误解。参见拙文《梁启超与新文化运动》，《近代史研究》2005年第2期。

二、梁启超的爱国论

较,中国人并不缺乏智慧,"所差者还是旧有的学问知识,对付不了现代复杂的社会"。① 所谓"旧有的学问知识",就是缺乏科学精神内涵的陈旧知识。国人传统思想中的"笼统""武断""虚伪""因袭""散失"等痼疾,归根结底,端在科学之思想不彰。民国以来中国实业的发展,毕竟已证明了"科学的战胜非科学的"乃是一种必然趋势,固守非科学的态度,只能被淘汰。梁启超说:"长此以往,何以图存?想救这病,除了提倡科学精神外,没有第二剂良药了。"② 国家要独立富强,不能不发展自己的实业,而要发展实业,国民就不能不努力尽快地提高自身的科学素养。梁启超将爱国主义与科学精神的倡导联系起来了。也唯其如此,梁启超不仅出任著名的中国科学社的董事,而且应邀到会讲演,并且鲜明地提出了培养"科学的国民"的新概念。

其三,救国当"从国民全体下工夫"。如前所述,梁启超早年在《爱国论》中提出了"爱国必自兴民权

---

① 《辛亥革命之意义与十年双十节之乐观》,载《饮冰室合集·文集》(37),第7页。
② 《科学精神与东西文化》,载《梁启超选集》,第799页。

始"的著名观点，1903年游美后转而主张"开明专制"论，思想又明显后退。但是，进入民国后，尤其是经历了反袁斗争与新文化运动，其民主思想却又进一步得到了发展。他认为，辛亥革命的另一个重大意义，就在于使国人懂得了"凡是中国人都有权来管中国的事"。他说，这"叫民主精神的自觉"。足见其思想的进展。游欧归来，受五四运动和第二次世界大战后世界民族民主运动普遍高涨的影响，梁启超爱国主义思想与民主运动的联系愈益深化。他在反省近代历史的基础上说："从前有两派爱国之士，各走了一条错误路。"立宪派想靠国中固有的势力，在维持现状下渐行改革；革命党则想打破固有的势力。但事实证明两者都错了。"说是打军阀，打军阀的人还不是个军阀吗？说是排官僚，排官僚的人还不是个官僚吗？"其结果是一个强盗没打倒，却生出了无数的强盗来，国事愈不可问。"两派本心都是爱国，爱国何故发生祸国的结果呢？"原因就在于二者皆脱离大多数的国民，自立自的宪，自革自的命，与国民不相干。"好比开一瓶皮酒，白泡子在面上乱喷，像是热烘烘的，气候一过，连泡子也没有了，依然是满瓶冰冷，这是和民主

二、梁启超的爱国论

主义运动的原则,根本背驰。"明白了这一点,现在当幡然改过,"质而言之,从国民全体下工夫。不从一部分可以供我利用的下工夫,才是真爱国,才是救国的不二法门。把从前做的一部分人的政治醒转过来,那全民政治才有机会发生哩"。① 不管梁启超所谓的"全民政治"事实上还存在着多少误区,从倡言抽象的"爱国必自兴民权始",到主张改弦易辙,真爱国必"从国民全体下工夫",其爱国主义思想毕竟是与时俱进,提升到了一个新的层面。

其四,发展民族的"文化力"。战后游欧归来的梁启超,看到了西方现代性的弊端,但并未忽视中西方的时代落差,即中国首先需要建立现代的社会。他试图将二者结合起来,即在推进中国现代化的同时,避免西方业已出现的弊端。所以他一方面积极投身新文化运动,同时,复坚持求同存异,主张既要对中国传统的旧思想求解放,也必须打破对西方现代思想的迷信。② "现在我们所谓新思想,在欧洲许多已成陈旧,被人驳得个水流花落,就算他果然很新,也不能说'新'

---

① 《欧游心影录》,载《饮冰室合集·专集》(23),第22、23页。
② 参见郑师渠:《梁启超与新文化运动》,《近代史研究》2005年第2期。

便是'真'呀！"他反对一味抹杀中国固有文化。他说：从前老辈，故步自封，说什么西学都是中国所固有的，诚然可笑，"那沉醉西风的，把中国甚么东西，都说得一钱不值，好像我们几千年来，就像土蛮部落，一无所有，岂不更可笑吗？"梁启超强调，所谓"中国人之自觉"，就应当包含"文化的自觉"。"为什么要有国家，因为有个国家，才容易把这国家以内一群人的文化力聚拢起来，继续起来，增长起来，好加入人类全体中助他发展。"所以，很明白，爱国必须爱自己民族的文化，"人人存一个尊重爱护本国文化的诚意"；增强本国的"文化力"，就是要善于"拿西洋的文明来扩充我的文明"①，以发展民族的新文化并助益于全人类的文明。欧战前后，东西文化的问题，是志士仁人探求救国道路不能不面对的重大时代课题。梁启超关于"尊重爱护本国文化"、发展民族"文化力"的思想主张，不仅使自己的爱国主义思想增添了深刻的文化内涵，而且也为时人的文化思考开拓了新的空间。

梁启超强调"国民之自觉心""中国人之自觉""民

---

① 《欧游心影录》，载《饮冰室合集·专集》(23)，第27、37、35页。

二、梁启超的爱国论

族精神之自觉""民主精神之自觉",等等,说到底,是反映了他自身的自觉,即对于中国问题的重新审视。他对借以唤醒全体国民自觉心的中坚力量认知的变化,也同样反映了这一点。

梁启超早年将国民的养成和救国的希望,寄托在他所谓的"中等社会"的身上。1902年,他在《新民说》中说:"然则今日谈救国者,宜莫如养成国民能力之为急矣。虽然,国民者其所养之客体也,而必更有其能养之主体。""主体何在,不在强有力之当道,不在大多数之小民,而在既有思想之中等社会。"① 他眼中的"中等社会",也就是"士大夫":"所谓士大夫者,国家一切机关奉公职之人,于此取材焉。乃至社会凡百要津,皆所分据焉。故不惟其举措能直演波澜,即其性习亦立成风气。"这实际上主要就是指拥有一定社会地位的知识分子群体。但民初国事日非,"中等社会""士大夫",多趁火打劫,助纣为虐,令梁启超深恶痛绝,对之失去了信心。他说:"劝老百姓以爱国者士大夫也,而视国家之危难漠然无所动于中者,即此

---

① 《饮冰室合集·专集》(4),第156页。

士大夫也。利用老百姓之爱国以自为进身之径谋食之资者，亦即此士大夫也……今日国事败坏之大原，岂不由是耶！"①五四运动的洪波巨浪与共赴国难的特殊经历，使梁启超在情感上进一步贴近了青年。他对五四青年运动深为感动，归国后撰文说："'五四运动'是民国史上值得特笔大书的一件事，因为它那热烈性和普遍性，的确是国民运动的标本……因为这种运动引起多数青年的自觉心，因此全国思想界忽呈活气。""将来新社会的建设，靠的是这些人……所以我对于现在青年界的现象，觉得是纯然可以乐观的。"②由是，他不再笼统讲"中等社会""士大夫"，而是对国人做了进一步的区分，明确地将希望寄托在了新青年的身上。他在《如何才能完成"国庆"的意义》一文中说，中国人有三类：第一类是军阀及依附军阀的官僚、政客和党人的大部分。"他们都是满含霉毒的坏血球，国家元气大半斫于其手。"第二类是独善其身的老先生和安分守己的老百姓们。"他们是带淡色的血球，虽然没有毒，却也没有多少防毒消毒的能力。"第

---

① 《痛定罪言》，载《饮冰室合集·文集》(33)，第8、9页。
② 《饮冰室合集·文集》(37)，第51、9页。

二、梁启超的爱国论

三类"是知识阶级的青年,尤其是在大学里或游学外国全国人所属望为将来各界领袖人物的青年。他们好比心房新进出来的鲜血球,具有摧涤瘀毒荣养全身的能力和责任。中华民国的新生命能否缔造,全看他们的'能力率'和'责任心'何如"。[①] 梁启超将新青年尤其是青年学生与留学生,视为中国社会的新鲜血液,国家与民族赖以复兴的栋梁,对之抱有厚望。游欧归来后,他告别政治活动,全身心转向了文化教育。他风尘仆仆,不辞辛苦,奔走于北京、天津、南京三地各大中学之间,除讲授国学外,就是寄语青年学生,勿忘爱国。概言之,梁启超谆谆善诱,主要有三:

其一,复兴国家的社会责任。梁启超常提醒学生,大家在同龄人中是幸运者,多少青年并不缺乏才华,却无由接受高等教育。也因是之故,大家要承担的复兴国家的社会责任,也就理应更大些。他说:"今当存亡绝续之交,千圣百王所治谋者,一旦扫地陨越是惧……则无量数艰巨之业,乃尽压于吾侪之仔肩。中国而兴耶,其必自吾侪之手兴之。中国而亡耶,其

---

① 《饮冰室合集·文集》(42),第52、53页。

必自吾侪之手亡之。"先辈不能支柱国家,并非天赋才能不足,实因受时代的制约,其"前此所学不适于新时代之要求,而智德力之发育,有所未尽也"。先辈以大业付诸君,并为诸君养成负荷此大业的能力,创造了现在的条件,其用心既苦,而责任亦略尽,最终能否负荷,则是诸君的责任了。[①] 在梁启超看来,青年学生欲报国,首先固然要学好先辈所不曾有的新知识与实际本领,但是,不能忘了培养自己爱国的热忱,却是更重要。他认为,爱国不是都去当政治家,无论从事何种职业,都不能忘记它也是"国家成立要素之一",关乎国家的荣辱存亡。所以,必须"常常把爱国精神镕注在自己职业里头作职业生命。必如此,然后这种职业才有他存在的意义和价值"。比如,当教师不是为了工资才给学生传授知识,而要想我是在为中华民国培养人才。真这样做了,才算尽了自己的责任,我的职业也才有了生命。所以,人人都应当也可以在自己的职业范围内充分尽自己对于国家的责任。梁启超曾在一次回顾护国战争的演讲中,对学生说:"(蔡

---

① 《清华学校中等科四年级学生毕业纪念册序》,载《饮冰室合集·文集》(32),第69页。

二、梁启超的爱国论

锷等人）他们并不爱惜他自己的生命，但他们想要换得的是一个真的善的美的中华民国。如今生命是送了，中华民国却是怎么样？像我这个和他们同生不同死的人，真不知往后要从那一条路把我这生命献给国家，才配做他们朋友。"青年人因纪念蔡锷，"受蔡公人格的一点感化，将来当真造出一个真的善的美的中华民国出来，蔡公在天之灵，或者可以瞑目了"。[①] 梁启超对于青年学生的殷殷之情，溢于言表。

其二，"忠于国家为惟一的伦理"。青年学生未必都从政，但对于有志从政者，梁启超的寄语，更加语重心长。他说，做一个政治家，一定要明白两个原则：一是"民众政治是要民众自己去做的，决不可由一个人或少数人代他们做"。尤其不能借其名义谋私利。二是"不可以手段为目的，更不可不择手段"。更重要的是，还必须要明白："政治家以忠于国家为惟一的伦理"，断不许丧失人格、国格，卖国求荣。"青年们啊，你信仰什么主义，当然是你的自由，但我老实不客气告诉你：你的信仰动机若带有半点铜臭，你的信

---

① 《护国之役回顾谈》，载《饮冰室合集·文集》(39)，第97页。

仰便没有一毫价值！"一个政治家定然要有高的节操，不然，才愈高，其祸天下也愈烈。所以，"青年们啊，你想投身政治来救今日的中国，请千万勿忘记这一点罢！"①

其三，了解和热爱祖国文化。归根结底，梁启超寄希望于青年，是将之视为中国文化的传人。所以他说："青年无望，则国家的文化便破产了。"②鉴于时人多醉心欧化，而大学生特别是清华学生多要留学海外，梁启超特别强调青年人要了解和热爱祖国文化。他认为，作为一个国民，总须对本民族的文化有所了解，才可能"在我们的'下意识'里头，得着根柢，不知不觉会'发酵'"。中国文化酿就了国人的"共同意识"，即民族认同感，只有对祖国的文化有较深入的感悟，"才不至和共同意识生隔阂"。③醉心欧化所以不可取，就在于它消解国人的"共同意识"、民族认同感，使爱国事实上成为虚言。梁启超很清楚，清华学生享社会

---

① 《如何才能完成"国庆"的意义》，载《饮冰室合集·文集》(42)，第59、60页。
② 《清华研究院茶话会演说辞》，载《饮冰室合集·文集》(43)，第8页。
③ 《治国学杂话》，载《饮冰室合集·专集》(71)，第26页。

二、梁启超的爱国论

恩惠独优,将来在社会上也必占势力,所以他提出了一个颇为深刻的观点:衡量清华学生将来归国功罪的标准,当在于"对于中国文化有无贡献"。毫无疑问,一个对传统文化茫然无知,只醉心欧化的归国留学生,是不可能对祖国文化的发展有贡献的。梁启超在东南大学演讲时,曾对学生说:美国人确有许多长处,但是中国人即便全部将它移植过来,使中国全然变成一个东方的美国,"慢讲没有这种可能,即能,我不知道诸君怎样,我是不愿的。因为倘若果然如此,那真是罗素所说的,把这有特质的民族,变成了丑化了"。① 这是在明确反对民族虚无主义。现在他面对清华学生又强调,不了解中国文化,便不可能有大作为。他说:"任你学成一位天字第一号形神毕肖的美国学者,只怕于中国文化没有多少影响。若这样便有影响,我们把美国蓝眼睛的大博士抬一百几十位来便够了,又何必诸君呢!诸君须要牢牢记着你不是美国学生,是中国留学生。如何才配叫做中国留学生,请你自己打主意罢。"② 在这里,梁启超提出了一个尖锐的问题:"如

---

① 《东南大学课毕告别辞》,载《梁启超选集》,第817页。
② 《治国学杂话》,载《饮冰室合集·专集》(71),第27页。

何才配叫做中国留学生？"此一设问，发人深省，即使在今天，也仍不失其现实的意义。

从坚信中国不亡，到倡言"国民之自觉心"；从主张"健全的爱国论"，到寄语新青年，梁启超的爱国主义充分吸收新文化运动提供的养料，从而展现了愈益开阔的视野与宏富的内涵。如果我们注意到陈独秀1916年在《我之爱国主义》一文中，将自己主张的"持续的治本的爱国主义"，仅归结为"数德"："勤""俭""廉""洁""诚""信"[1]；1919年他甚至还竟然提出"我们究竟应当不应当爱国"的问题[2]，就不难理解，梁启超将爱国与"国民之自觉心"相联系，是怎样的难能可贵了。

（四）结语

近代中国陷入了半殖民地半封建的境地，国难当头，引无数志士仁人继起，爱国主义因之空前高涨。

---

[1] 陈独秀：《独秀文存》，安徽人民出版社1987年版。
[2] 陈独秀：《我们究竟应当不应当爱国？》，载《独秀文存》，安徽人民出版社1987年版。

二、梁启超的爱国论

作为近代著名的爱国者,梁启超的爱国论独具特色。

中国与忠君相联系的传统的爱国思想,在甲午战争前后,因救亡图存的刺激,以资产阶级的反封建斗争——戊戌维新运动为载体,以西方社会进化论为中介,最终实现了向现代意义的爱国主义转换。梁启超作为维新运动的要角和敏锐的思想家,通过《说群》《爱国论》诸文,成为了实现三者融通和最早揭橥现代意义的爱国主义旗帜的代表性人物。不惟如是,他也是近代系统阐发爱国主义的第一人,且与时俱进,不断丰富与深化了它的内涵。梁启超是现代意义的爱国论的首倡者,此其一。

在近代,爱国总是与救国相联系的。但能提出有重要实践意义的救国方案的爱国者,毕竟是极少数。梁启超正是这样的著名爱国者。他集政治家与思想家于一身,故其爱国论又与其政治论浑然一体,相辅相成。戊戌前后,他的《说群》《爱国论》《新民说》诸文,倡民权说,强调朝廷与国家的分际;在反袁斗争中,他撰《国民浅训》,力主民主共和,并倡"健全的爱国论";欧游归来,他发表《欧游心影录》,倡言"中国人之自觉",主张打破对西方的现代迷信,重新审视祖国的复兴之路。由于梁启超的爱国论不是抽象的说教,而是富有实践意义的思想指导,充满着激情、创意与启迪,故不论事实上存在多少失误,其论说在不同的阶段上,总是虎虎有生气,产生了广泛的影响。梁启超的爱国论富有创新性,此其二。

梁启超爱国论中的许多观点,至今都具有现实的意义。这不是指"爱国必自兴民权始""大国民之器度""世界主义的国家"等一般意义上的观点;而是指诸如以下隽永和富有哲理的见解:"(国魂或爱国心)而将欲制造之,则不可无其药料与其机器。人民以国家为己之国家,则制造国魂之药料也;使国家成为人民之国家,则制造国魂之机器也"[1];"历史者,普通学中之最要者也"。"国民教育之精神,莫急于本国历史"[2];"青年无望,则国家的文化便破产了";"诸君须要牢牢记着你不是美国学生,是中国留学生。如何才配叫做中国留学生,请你自己打主意罢!"在商潮滚滚、急功近利和海外留学趋之若鹜的今天,这些见解不是依然耐人寻味吗?梁启超的爱国论富有现实的意

---

[1] 《自由书·中国魂安在乎》,载《饮冰室合集·专集》(2),第38、39页。
[2] 《东籍月旦》,载《饮冰室合集·文集》(4),第90、101页。

二、梁启超的爱国论

义，此其三。

由于梁启超的爱国论服务于他的政治论，而后者受阶级与历史的制约，不免于受局限，故其爱国论也不可避免地存在自己的弱点。早年他改倡"开明专制"，以为中国人尚不配享有民权自由，是一种后退，固不待言。欧战后他提出"中国人之自觉"的重大构想，是一大进步，但却抵拒马克思主义。而正是后者成为了中国人借以重新考察国家与民族命运的强大思想武器。民国后他强调欲救国，必须改弦易辙，依靠全国大多数国民，这无疑是对的，但却反对中国共产党从农村开始的民众运动；他反对全盘西化，主张青年人要宏扬传统文化，也是对的，但对于旧文化束缚青年一代的消极影响，却缺乏应有的批判，如此等等。当然，这些又并非梁启超独然。我们当从历史条件去说明，不必苛求于古人。

三、梁启超与欧战

欧战对于近代中国社会发展的影响,既深且远,这在文化思想领域则尤甚。梁启超是幸运的,正当他决意舍政从教之时,恰赶上了这个时代的转变点。他不仅曾身居高位,得以参与决策对德宣战和对日交涉,而且有条件于战后以私人身份出访欧洲,在继续为中国外交出力的同时,得以深入考察战后欧洲社会及其现代思潮的变动,从而为自己即将开始的新的人生,吸取思想养料。

对于经历丰富而思想多变的历史人物来说,把握其人生阶段性发展的标志性节点,是正确认识和评价其人的重要方法。20世纪20年代步入晚年的梁启超,绝非所谓走向倒退,恰恰相反,而是重新跃上一个新的思想支点,从而令其晚年重放异彩。这里的标志性

三、梁启超与欧战

节点，便是1914—1918年的欧战。很显然，研究梁启超与欧战，是理解与把握晚年梁启超的重要切入点。梁启超的研究成果虽多，但真正取角于此者，并不多见，今年适逢欧战100周年，爰作是文以就正于方家。

（一）从著书唤起国人对欧战的关注到巴黎和会的振臂一呼

梁启超不愧为老资格的政治家和有远见的思想家，他看到了这场战争无论对于世界还是中国，都将产生巨大的影响，故在1914年7月底欧战爆发后仅十天，便决心著《欧洲战役史论》。他躲避政务，借居西郊清华学校，"阅十日脱稿"，同年底，该书由商务印书馆出版。这是其时国人独著的第一本欧战史论。随后他又在报上开辟《欧战蠡测》专栏，发表有关欧战的专题性文章。梁启超强调，欧战既于世界和中国都将产生巨大影响，研究这场战争，"可以助长极健实之国民自觉心,其不容以隔岸观火之态出之明矣"。①

---

① 《欧战蠡测》，载《饮冰室合集·文集》(33)，第12页。

不仅如此，1915年由他主编的"时局小丛书"，包括《大战前后欧洲之国际关系》《日本舆论对于中国之态度》等第1辑10种，也由中华书局陆续出版。《中华书局启事》写道："现在时局变化不测，其影响于吾国者甚大"，"梁任公先生有见于此，特与同志分纂此书，冀令我国上下了然于世界事情各状况，诚今日最要之书也"。① 足见，梁启超从一开始便高度关注欧战和希望借此启迪国人的自觉心。

欧战爆发后，中国宣布中立。但随着1917年初美国对德国宣战并要求中国积极配合，放弃中立，采取一致的对德立场，中国是否参战便成了国会、政府和民间争论的一大议题；护国战争后本想弃政从教的梁启超，又卷入了漩涡，成为了极力主张参战的代表性人物之一。他自己说："吾侪力排众议，主张对德宣战。""吾当时以本已厌离政界之身，而毅然入阁者，徒欲贯彻宣战之初志。""吾在阁数月中，无日不提此议"，"吾之入阁几为此一事而已"。② 1918年底，归国不久的胡适致书求见，也说："适亦知先生近为欧战和

① 《大中华》第1卷第1期，1915年1月。
② 《梁启超年谱长编》，第870、871页。

议问题操心，或未必有余暇见生客。"[1] 梁启超确是全神贯注地为欧战问题操心。但是，需要指出的是，他最初是"德国必胜"论者，何以复转向力主对德宣战？这是值得探讨的问题。

梁启超在《欧洲战役史论》中说："自开战之始，吾尝昌言德之必胜，且言其决胜甚速。比则频有难吾说者，吾亦几不能自坚持，虽然吾终信德之决不能败也。"说得如此决绝，其理由是，无论其政治组织之美、国民素质之高，还是其制造之精良、军队之勇武，都足以说明德国是"今世国家之模范"。除非国家主义消灭，它不可能陷于劣败之地。不仅如此，英法诸国无法望其项背，其间的博弈，无异于新旧之战，"使德而败，则历史上进化原则，自今其可以摧弃矣"。[2] 实则，时人多看到了德国的强大，但持论却有别于梁启超者，主要有二：一是强调战事难以逆料，不肯明确表态；二是认同新起的互助论，反对军国主义，故在情感上期待德国战败。1915年，陈独秀在《法兰西人

---

[1] 耿云志、欧阳哲生编《胡适书信集》，北京大学出版社1996年版，第194页。
[2] 《饮冰室合集·专集》(30)，第69、70页。

与近世文明》中说:"创造此文明之恩人方与军国主义之德意志人相战,其胜负尚未可逆睹。""即战而败,其创造文明之大恩,吾人亦不可因之忘却。"[①]1917年,蔡元培在《我之欧战观》中也说,德胜则军国主义支配世界,协约国胜则人道主义昌。"吾人既反对帝国主义,而渴望人道主义,则希望协约国之胜利也,又复何疑!"[②]二者都反映了这一点。梁启超有失绝对化。这固然并不意味着梁启超相信帝国主义而反对人道主义,但他强调"使德而败,则历史上进化原则,自今其可以摧弃矣",则明显说明,作为曾经的维新运动主角,其思想仍不脱正被时人超越的"物竞天择,优胜劣败"进化论的惯性思维。他之转向对德宣战,固然与后期德国败象显露的事实有关,但同时也要看到,这也与他在思想观念上的实现自我超越紧密相连。1918年,他答记者问说,"今欧战将终,世界思潮剧变,即彼真正有力之军国主义,亦已于世界所不容,不久将绝其迹",吾所以力排众议,主对德宣战,"固逆料

---

① 陈独秀:《陈独秀文章选编》上,生活·读书·新知三联书店1984年版,第81页。
② 高平叔编《蔡元培全集》第二卷,中华书局1984年版,第4页。

三、梁启超与欧战

欧战之结果必有今日"。① 在一次讲演中又说：昔达尔文以优胜劣败为进化之原则，现已为人所弃。而德国坚持并引发大战，今终败。互助论成了人们的共识。"互助之事，最伟大者，今次协约各国及联合国之共为人道正义自由而抵抗德国也。"② 所言是否确当，可不置论，但梁启超是真诚的。

当然，德国颓势既现之后，梁启超不怕别人讥讽，毅然放弃前言，转而力持对德宣战，说到底，还是出于爱国的动机。按他的话说，就是"其根本义乃在因应世界大势而为我国家熟筹将来所以自处之途"，即"从积极进取方面言之，非乘此时有所自表见，不足以奋进以求厕身于国际团体之林"。③ 说白了，就是要为将来能在和会上占一席之地，以维护中国权益，创造前提条件。梁启超是真诚的爱国者，他于欧战的主张，容有可商，但其最高准则乃在于维护国家权益，是无可疑议的。有论者认为，"梁启超逋居日本十几年，

---

① 《梁启超年谱长编》，第870页。
② 梁启超：《梁任公在协约国民协会之演说词》，载《东方杂志》第16卷第2号，1919年2月。
③ 《外交方针质言》，载《饮冰室合集·文集》(35)，第4—5页。

对日本总有着难舍的第二故乡之情。在美、日对中国参战所持的对立立场上,他站在日本一边而力主中国对德宣战也就很自然了"。这种似是而非的观点,全然低估了梁启超的人格。如前所述,参战问题原是美国先提出来的,时日本虽自己对德宣战,因担心美国对华影响力扩大,则是反对中国参战。但在得到英法诸国对战后自己得以继承德国在山东权益的默认后,日本复转而积极支持中国参战。与之相反,美国为防止日本进一步控制中国,又改变初衷,转而反对中国参战。这种变化,反映了美日两国在华的争夺。但因此断言,面对美日对立,梁启超坚持宣战,是出于感恩之心,站在了日本一边,却不免皮相之见。为证明自己的观点,上述论者引了梁启超致段祺瑞信中的一段话:

"今日之局,能生我者新亲也,能死我者近邻也,必近邻全释其死我之心(暂不动手),然后生我者乃有所用力。项城联英之政策本不误,其误在挟英以排日。今吾新亲助我之力恐尚不及旧亲,故今虽得新亲,而依赖之程度当审慎,若令近邻窥见我有挟新亲以自重之意,恐外交上之盘根错节,方从此起。"

三、梁启超与欧战

接着评论说:"亲日而疏美之意是很明显的。可以说,力主对德宣战是梁启超重视对日关系的反映。"① 这里的问题有二:其一,此信写于1916年8—9月间,时宣战问题尚未发生;其二,信虽涉及中美、中日关系问题,但所言的是外交策略,与所谓"亲日"倾向,风马牛不相及。重视中日关系与"亲日",当是两个概念,不容混淆。而且,既以"能生我者新亲""能死我者近邻",相况美、日,从人情道理上看,也当是"亲美",而非"亲日"。总之,所引材料并不能支持论者的观点。同时,美日的主张前后有变且彼此对立,梁启超的主张坚持不变而表面上与日本同,这与所谓"站在日本一边"的"亲日",在逻辑上也并无必然的联系。梁启超说,自己主宣战,是负责任的主张:"将来兹事如误国也,余不敢辞罪,苟其利国,吾不敢贪功。然吾之所信,吾固始终守之弗渝也。"② 道理很简单,爱国者的执着与侵略者的取巧,如何能相提并论!

事实上,梁启超本人曾义正词严地回答过这一问题。他的《中日交涉汇评》汇集了此期自己撰写的一

---

① 李喜所、元青:《梁启超传》,人民出版社1993年版,第411页。
② 《外交方针质言》,载《饮冰室合集·文集》(35),第13页。

系列有关中日交涉的文章，其中《中日时局——鄙人之言论》一文说道：由于自己在参议院就政府仅抗议日本，未能对支持日本在山东不断扩大侵略活动的英国同样提出抗议，表示质疑，要求总统回答，故日本报纸攻击自己是"亲德派"并"责我忘恩负义"。"吾请日本人易地相处，为良心上之判断。吾侪立于国家之最高立法机关，当国家遇此大变，是否有发言质问当局之权利及责任？若谓吾曾受日本保护十余年，即当放弃其对于国家之责任耶？"当年日本保护本人难道不是因为他是个爱国者？若本人不是爱国者，则当年的日本保护错了；若本人是爱国者，则今日的日本攻击错了。梁启超警告日本，别指望本人会相信，"引外人以扰乱祖国而始为报恩"。中国虽积弱，国民却充满民族自信心，"所谓某国党某国党者，终古决不能出现于我国中"！[①] 看到了任公这些正义凛然的自白，人们还会相信他是"亲日"派吗？值得提出的是，当梁启超承受着内外很大压力之时，陈独秀著文支持他。他在《对德外交》一文中说，有人怀疑梁启超假

[①] 《饮冰室合集·文集》(32)，第95、96、97页。

三、梁启超与欧战

外交以夺权。别说不可能有此事,果真如此,"夫以任公之政治知识,果能总揽政权,岂不愈于北洋军人万万"!① 又说,对德宣战国会已通过,仍有人反对,一些政客和失意之伟人,无论事关人类公平正义如何,于国家利害如何,"凡出诸其敌党段祺瑞、梁启超所主张者,莫不深文以反对之"。② 陈独秀当然更不会相信梁启超主对德宣战,是出于"亲日"!

其实,只要看看任公弟子吴其昌所记乃师于1927年济南惨案发生前夕的一段夫子自道,所谓"亲日"云云,便涣然冰释了:

> 先师曰:"余在护国之役略前,脑海中绝无反日之种子,不但不反日而已,但觉日人之可爱可钦。护国一役以后,始惊讶发现日人之可畏可怖而可恨。'憎日''恶日'与'戒备日'之念,由微末种子培长滋大而布满全脑。戊戌亡命日本时,

---

① 陈独秀:《对德外交》,载《陈独秀文章选编》上,生活·读书·新知三联书店1984年版,第183页。
② 陈独秀:《俄罗斯革命与我国民之觉悟》,载《陈独秀文章选编》上,生活·读书·新知三联书店1984年版,第196页。

亲见一新邦之兴起，如呼吸凌晨之晓风，脑清身爽。亲见彼邦朝野卿士大夫以至百工，人人乐观活跃，勤奋励进之朝气，居然使千古无闻之小国，献身于新世纪文明之舞台。回视祖国满清政府之老大腐朽，疲癃残疾，脏肮躐蹋，相形之下愈觉日人之可爱可敬。狄平子诗'恰怜小妹深闺坐，短短眉弯自画成！'即咏此境况也。当时日人甚爱我助我，尝谓彼亦诚心希望中国之复兴，与日本并立为强国，为黄帝后裔两柱石，余亦深信彼等之语不虚也。故愈觉日人之可亲。但有贺长雄既怂恿袁氏盗国称帝，始觉日人之可恶，然而尚未十分深恶也。二十一条之提出，始深恶日人之幸灾乐祸，损人利己，卖友打劫。然而知日本之'凶'，而尚未知日本之'毒'也。感觉日人之可恨可恶，而未知日人之可怖也。松坡既行，袁氏日夜派便警逻守吾门，余买街头胶皮车夫与之易服夜逃，甫离津，袁氏已觉，杀其便警。严命其沪上逻犬捕予，期在必得，'务获梁启超，就地正法'之'上谕'已布，上连像片，较清廷尤密。予惴惴不知死在何处，但暗中如有天神护卫，化

三、梁启超与欧战

险为夷,逢凶化吉。独自无僇,痴思妄想,岂真国运未绝,有天神呵护耶?则又哑然自笑。自是由津而沪而港,此疑谜终不能破。至港,日人始明目张胆助予,始恍然暗中护卫我者,非天神也,乃日本人也。由港至越,日本动员其官,军,商,居留民,间谍,浪人全力以助余,虽孝子慈孙之事其父祖,不能过也。夫日人果何爱于余,何求于余,而奉我如此乎?在越南道中思之,不觉毛骨俱悚,不寒而战。遂转觉每个日人,皆阴森可怖!吾乃知拟日人以猛虎贪狼,犹未尽也,乃神秘之魔鬼也。我此后遂生一恍惚暗影,他日欲亡我国,灭我种者,恐不为白色鬼,或竟为矮人也。然吾乃永远持'中国不亡论'著称于世者,特我人戒备之对象,当在彼不在此。……"①

随着其后事态的发展,梁启超不仅愈益展现了自己爱国的风采,而且在事关国家成败荣辱的关键时刻,为国家和民族作出了自己独特的贡献。1918年11月,

---

① 吴其昌:《梁任公先生别录拾遗》,转引自夏晓虹编《追忆梁启超》,中国广播电视出版社1997年版,第142、143页。

欧战以德国失败告终，次年初举行巴黎和会，中国派出了代表出席大会。从对德宣战到巴黎和会，中国外交的核心始终是山东问题，即要求收回德国在山东侵占的权益，反对日本借口所谓从德国手里"继承"山东的利益。1918年12月，梁启超以个人身份游欧，继续为中国的外交出力。出发前，他曾出席日代理公使的宴请，谈到山东问题，他说："我们自对德宣战后，中德条约废止，日本在山东继承德权利之说，当然没有了根据。"[1] 斩钉截铁，立场十分鲜明。后梁启超在巴黎和会外大力制造舆论，着力点也在于此。1919年1月，他应邀在万国报界俱乐部讲演，讲的就是山东问题。其中说："若别有一国要承袭德人在山东侵略主义的遗产，就为世界第二次大战之媒。这便是平和公敌。"[2] 表示了在维护国家主权的问题上，绝无妥协的余地。这赢得了全场热烈掌声，也招致了事后日本报纸的攻击。由于英美法意俄等国早在1917年即与日本达成了秘密协议，故在和会上，他们站在日本一边。4月30日，美、英、法三国会议置中国权益于不

---

[1] 《欧游心影录》，载《饮冰室合集·专集》（23），第39页。
[2] 《欧游心影录》，载《饮冰室合集·专集》（23），第83—84页。

三、梁启超与欧战

顾,公然议定了巴黎和约关于山东问题的条款,将原德国在山东的权益全部让与日本。北京政府的外交代表面对如此丧权辱国的条款,竟然也准备签字。梁启超忍无可忍,立即致电国民外交协会,报告情况危急,建议迅速发起不签字运动,抵制列强的野蛮行径:"请警告政府及国民严责全权,万勿署名,以示决心。"[①]林长民接到电报后,立即在5月2日的《晨报》上发表了一篇题为《山东亡矣》的文章,大声疾呼:"国亡无日","愿合四万万民众誓死图之"。北京各大学学生闻风而起,掀起了示威游行活动,五四运动由是爆发。恽代英曾回忆当年的抗争,说:"我们对外呢,发了不知几千万次的电报宣言到巴黎和会去,全国一致的不许签字于对日本稍形让步的和约。这一次的不签字,使全世界都震动起来了,而且亦引起美国国会的不批准和约,以至于最后日本仍不能不将青岛与胶济路退还于我们。"[②]在千钧一发之际,梁启超建议断然拒签和约的电报显然起了极为关键的作用。有谓梁启超的电报间

---

① 《梁启超年谱长编》,第880页。
② 恽代英:《"自从五四运动以来"》,载《恽代英文集》上卷,人民出版社1984年版,第495页。

接地引发了五四运动,良有以也。

从著书以唤起国人关注欧战,到力主对德宣战,再到在巴黎和会上振臂一呼,梁启超对于民族和国家功不可没,是显而易见的。但是,就梁氏与欧战而言,其贡献尚有荦荦大者,这即是反省西方社会与资本主义文明,揭出了"中国人之自觉"的时代课题,给国人以新的启迪。

(二)反省西方文明与揭出"中国人之自觉"的时代课题

1918年12月28日,经一年的筹备,梁启超与蒋百里等一行7人,由上海起程出访欧洲,至1920年3月5日返回原地,前后历时一年多。此前梁启超已决心弃政从教,故此行的目的,除了继续为中国外交尽一份力外,主要是考察战后的欧洲,为今后的发展吸取新的思想养料。他说,由沪出发,当晚大家畅谈通宵,"着实将从前迷梦的政治活动忏悔一番,相约以后决然舍弃,要从思想界尽些微力。这一席话,要算我们

三、梁启超与欧战

朋辈中换了一个新生命了"。① 梁启超将自己在欧洲的主要功课归结为四:"一曰见人,二曰听讲,三曰游览名所,四曰习英文。"② 实则,最主要的就是考察战后的欧洲社会并与各国政治界思想家名流广泛接触。张东荪曾致书蒋百里诸人,提醒他们说:"公等此行不可仅注视于和会,宜广考察战后之精神上物质上一切变态,对于目前之国事不可太热心,对于较远之计划不可不熟虑,否则专注目于和会,和会了便无所得,未识以为然否。"③ 这进一步说明,梁启超一行之主要关注点,乃在于考察战后欧洲社会尤其是思想界的变动。

由于梁启超本人曾说过,此行外交完全失败,个人学问也没做成,实感惭愧的话,有人便信以为真,轻忽了他的游欧成果。例如,1929年,郑振铎在悼念文章中这样说:"在这一年中,真的,他除了未完篇的《欧游心影录》之外,别的东西一点也没有写;而到了回国以后,所著作,所讲述的仍是十几年前《新民丛报》时代,或第一期的著述时代所注意,所探究的东西,

---

① 《欧游心影录》,载《饮冰室合集·专集》(23),第39页。
② 《梁启超年谱长编》,第881页。
③ 《梁启超年谱长编》,第893页。

一点也没有什么新的东西产生。此可见他所自述的一年以来'一点没有长进',并不是很谦虚的话。"① 此话大错。实际上,1919年6月9日梁启超在与弟书中说的才是真话。他说,所见所闻,收获良多,心中兴奋不已:"弟试思之,其感受刺激,宜何如者。吾自觉吾之意境,日在酝酿发酵中,吾之灵府必将起一绝大之革命,惟革命产儿为何物,今尚在不可知之数耳。"② 行期尚未过半,心中酝酿发酵的"革命产儿为何物",自然一时还说不清楚;但后来人们看到了,这个"革命产儿"就包含在了他归来后发表的《欧游心影录》中。它记录了欧游途中梁启超的所见所闻和写下的随想,1920年初曾在上海《时事新报》与北京《晨报》上连载。全书迄未完成,发表的只是其节录。包括郑振铎在内,当时许多人低估了它的价值,而学界长时期以来也未予重视。到了新时期,情况才开始有了变化。

《欧游心影录》约10万字,其中,首篇《欧游中之一般观察及一般感想》约26000字,为全书精华之

---

① 郑振铎:《梁任公先生》,转引自夏晓虹编《追忆梁启超》,中国广播电视出版社1997年版,第82页。
② 《梁启超年谱长编》,第881页。

三、梁启超与欧战

所在。分上下两篇:《大战前后之欧洲》与《中国人之自觉》。《梁启超年谱长编》的编者说:"最要紧的是第一文的下篇——《中国人之自觉》,因为读了这篇文章可见先生思想见解转变之迹,和对于将来政治社会等问题的主张。"① 在历史转折的重要时期,所谓"中国人之自觉",实为时代性的大课题。自觉者,自醒之谓也。是书虽是诉诸国人,但它首先是集中反映了梁启超本人思想的新变化。这主要有三:

其一,对西方社会的反省。

作为维新派的领袖,在梁启超的心目中,西方原是自己憧憬不已的自由平等博爱的故乡,但惨烈的欧战却令这心中的偶像轰然倒塌。他游欧期间,所到之处,无非残垣断壁,民不聊生。1919年3月初,他给女儿写信说:游览战地,"兰士为法国宗教上第一名城","(今)残破过半矣"。12月中与夫人书则说:"晚九时抵柏林,此十五小时中仅以饼干一片充饥,盖既无饭车,沿途饮食店亦闭歇也。战败国况味,略尝一脔矣。霜雪载途,益增凄黯。"② 这还只是战后外部的

---

① 《梁启超年谱长编》,第895页。
② 《梁启超年谱长编》,第878、892页。

惨况，当他将目光转向社会内部时，才发现西方社会贫富阶级对立已经发展到了"国内战争"一触即发的地步，让人目击心惊："再一转眼将这单位的内部组织子细看来，那更令人不寒而栗了。贫富两阶级战争，这句话说了已经几十年，今日却渐渐到了不能不实现的时代。"他指出，自18世纪以来，欧洲社会科学愈昌明，工业愈发达，"社会偏枯亦愈甚，富者益富，贫者益贫"，工人食不果腹，资本家却富可敌国，阶级对立成了不可避免。社会主义者认为，"这种现象都是从社会组织不合理生出来"，故主张通过革命，根本推翻资本主义制度。俄国革命正是缘此而起。社会党人则希望通过社会政策实现矛盾的调和。但欧洲"到处埋着火线"，"积重难返，补牢已迟，社会革命，恐怕是二十世纪史唯一的特色，没有一国能免，不过争早晚罢了"。[①]孙中山早在1905年就曾感叹：欧美诚强，其民实困，社会革命其将不远。可谓独具慧眼。不过，因时代的原因，他当时仅将问题归结为西方未解决好土地的问题。梁启超战后游欧，西方资本主义

[①] 《欧游心影录》，载《饮冰室合集·专集》(23)，第7、8页。

三、梁启超与欧战

社会内在矛盾愈益暴露，俄国革命业已发生，所以他能进一步指出，西方整个资本主义制度正面临着巨大的危机。足见，他对西方社会的反省已达到了相当深刻的程度。

也唯其如此，他对欧战发生原因的认识，前后有了很大的变化。在最初的《欧洲战役史论》中，他说："则民族国家主义之发展与国民生计之剧竞是已。"① 而在《欧游心影录》中则指出，资本主义的生产及其引发的贸易竞争，再加上达尔文生物进化论的推波助澜，必然导致帝国主义战争的恶果："就私人方面论，崇拜势力，崇拜黄金，成了天经地义；就国家方面论，军国主义帝国主义，变了最时髦的政治方针。这回全世界国际大战争，其起原实由于此。"② 如果我们注意到，"帝国主义"一词于1925年五卅运动后才流行起来，而胡适甚至在很长一段时间里都不相信有"帝国主义"的存在，那么，就不能不承认，梁启超此时即能指出帝国主义是欧战发生的总因，是多么难能可贵了。与此同时，巴黎和会的结果也使梁启超对于西方所谓公

---
① 《饮冰室合集·专集》(30)，第3页。
② 《饮冰室合集·专集》(23)，第9页。

平正义的梦想破灭了："总之那时我们正在做那正义人道的好梦，到执笔著这部书时，梦却醒了。擦擦眼睛一看，他们真干得好事。"巴黎和会与百年前的维也纳会议一脉相承，无非是大国牺牲小国的利益。"如今他们又在那里造孽了。你不信，我们山东问题就是一个证据。此外像山东问题样子的，还多着哩。我在巴黎几个月，正是他们秘密造孽的时候，此时正不知道他葫芦里卖什么药。"① 他因之提醒国人，"国际间有强权无公理之原则，虽今日尚依然适用"，故中国独立，"惟恃我迈往之气与贞壮之志"，"所可依赖者，惟我自身耳。则前途一线之光明，即于是乎在也"。② 这实表现为对西方的求解放。

其二，皈依西方反省现代性思潮。

19世纪末20世纪初，尤其因欧战的创深痛巨，欧人开始反省自身的文明，其现代社会思潮因之发生了深刻的变动。除了马克思主义主张社会革命论外，一些人则主张反省现代性。他们认为，自启蒙运动以

---

① 《欧游心影录》，载《饮冰室合集·专集》(23)，第84、85页。
② 《外交失败之原因及今后国民之觉悟》，载《饮冰室合集·文集》(35)，第28页。

三、梁启超与欧战

来,随着理性主义凯歌猛进和工业化的发展,人们逐渐形成了"机械的人生观",相信"科学万能",物质至上。其结果便造成了人的精神家园的荒芜,物欲横流,尔虞我诈,终酿成欧战的发生。所以,他们主张尊重人的内心世界,重建精神家园。非理性主义的反省现代性思潮,肇端于尼采倡言"重新估定一切价值",而20世纪初年强调精神生活和生命创化的柏格森生命哲学风靡一时,则是其趋向高涨的重要标志。反省现代性思潮虽有自己的误区,但究其实质,乃反映了西人对于资本主义文明的反省,实开了当今后现代主义的先河。梁启超游欧虽看到了各国面临社会革命的危机,但他显然更关注西方社会现代思潮的这一变动。他指出:欧人的最大危机,实在于"过信'科学万能'",缺失"安心立命的所在"。他们将人的"一切内部生活外部生活,都归到物质运动的'必然法则'之下",抹杀人的情感世界、宗教信仰与意志自由,形成了一种"机械的唯物的人生观","人生还有一毫意味,人类还有一毫价值吗?"无怪乎,现在的欧洲,"全社会人心,都陷入了怀疑沉闷畏惧之中"。梁启超强调说,虽然百年来,欧洲物质的进步是巨大的,但人类并没有因之得到幸福，相反却带来了许多灾难，包括刚刚结束的惨绝人寰的欧战。"欧洲人做了一场科学万能的大梦，到如今却叫起科学破产来，这便是最近思潮变迁的一个关键了。"梁启超所反省的正是理性主义，所谓"科学万能"论，就是指"理性万能"论。不过，梁启超对战后的欧洲并不悲观，因为他相信以柏格森生命哲学为代表的非理性主义的兴起，反映了欧人对于现代性的反省，其人生观正发生积极的变化，开辟了欧洲的新生面："在哲学方面，就有人格的唯心论直觉的创化论种种新学派出来，把从前机械的唯物的人生观，拨开几重云雾。""柏格森拿科学上进化原则做个立脚点，说宇宙一切现象都是意识流转所构成。方生已灭，方灭已生，生灭相衔，便成进化。这些生灭，都是人类自由意志发动的结果。所以人类日日创造，日日进化。这'意识流转'就唤做'精神生活'，是要从反省直觉得来的。""欧人经过这回创巨痛深之后，多数人的人生观因刺激而生变化，将来一定从这条路上打开一个新局面来。这是我敢断言的哩。"[①]

[①] 《饮冰室合集·专集》(23)，第9—12、17、18页。

三、梁启超与欧战

梁启超在与弟书中说，在巴黎最想见的人有两位，其中一位就是"新派哲学巨子柏格森"，他是自己"十年来梦寐愿见之人"。为与之会面，他与蒋百里等三人"先一日分途预备谈话资料彻夜，其所著书，撷择要点以备请益"。有翻译天才的徐振飞，也"独于访柏氏之前，战战栗栗，惟恐不胜"[①]。由此可见：第一，他早在1909年前后便注意到了柏格森的思想，此次是有备而来，专门请益；第二，仰慕崇拜之至。此外，1920年5月中，即距梁启超回到上海仅两个月，张元济便致书与商聘请柏格森来华讲学费用之事，其中说，由于费用巨大，需报告董事会，"当公在法与商时，必曾探听明白，务祈开示确数。再柏君如有复信，如何云云，亦乞示悉，以便预备"。[②]这说明，请柏格森讲学之事，是在巴黎当面商定的，而此时尚未讨论发起成立讲学社，足见梁启超心情之迫切。虽然后来柏氏因临时有安排，最终没有成行，但他在梁启超心中的崇高地位，已可概见。随着《欧游心影录》和梁漱溟的《东西文化及其哲学》的相继出版，以柏格森为

---

① 《梁启超年谱长编》，第881页。
② 《梁启超年谱长编》，第908页。

代表的西方反省现代性思潮在中国的传播,也迅速扩大了。

吴稚晖说:"张先生的玄学鬼,首先是托梁先生的《欧游心影录》带回的。"[1]他强调是书为传播西方反省现代性思潮的代表作,是对的;但其简单的否定,却不足取。美国学者艾恺在《世界范围内的反现代化思潮》一书中,这样说:"梁氏的《欧游心影录》不过是他不断将西方思想对中国引介的事业的一个延长。"[2]这才是深刻的论断,因为他看到了欧战后的梁启超依然是一位西方文化的热心传播者。只是较前不同,他敏感到了西方现代思潮的变动,皈依战后欧洲新兴的"现代思想"——反省现代性。理解这一点,是理解晚年梁启超思想必须把握的重要一环。

其三,主张重新审视中西文化。

欧游归来后,梁启超依原定计划,毅然舍弃了政治生涯,转向从事文化教育事业,并雷厉风行,进行

---

[1] 吴稚晖:《箴洋八股化之理学》,转引自张君劢等著《科学与人生观》,黄山书社2008年版,第308页。
[2] 〔美〕艾恺:《世界范围内的反现代化思潮:论文化守成主义》,贵州人民出版社1991年版,第154页。

三、梁启超与欧战

了一系列部署。这首先便是投入新文化运动。1920年5月中,他在与人书中说:"培养新人才,宣传新文化,开拓新政治,既为吾辈今后所公共祈向,现在即当实行著手。"[①] 这里强调了从事新文化运动的根本取向。但他并不全然赞成陈独秀、胡适诸人的新文化主张,而力图彰显个性,另辟新径。故其师友间商榷,常有诸如"须有一种特别精神""特别色彩""吾辈文化运动"等的提法。蒋百里来信谈《改造》第一期"拟用新文化运动问题",其中就说道:"新文化问题虽空泛,然震以为确有几种好处。现在批评精神根于自觉,吾辈对于文化运动本身可批评,是一种自觉的反省,正是标明吾辈旗帜,是向深刻一方面走的。"他们原定本期重头文章是《新文化我观》,后考虑略嫌空泛和担心招误会而作罢。[②] 这说明,梁启超希望自己独树一帜的文化运动,能对既有的文化运动起到一种善意的"批评""自觉的反省"的制衡作用,即体现为"向深刻一方面走",而不是简单仿效,更不是恶意对抗。而他所以有这样的自信与识见,端在于拥有了一种新的视

---

① 《梁启超年谱长编》,第909页。
② 《梁启超年谱长编》,第911、917页。

野，即站立在了西方反省现代性新的思想支点上了。

梁启超的文化主张对于既有新文化运动的制衡作用，集中到一点，就是提出了要求重新审视中西文化和发展民族新文化的根本主张。1920年3月10日，即归抵上海仅仅5天，梁启超就在中国公学发表演讲。他表示此行最大的收获是精神状态的根本改变，即由消极悲观转变为积极乐观："鄙人自作此游，对于中国，甚为乐观，兴会亦浓，且觉由消极变积极之动机，现已发端。"[①] 所谓变消极为积极，说到底，就是对中国固有文化有了进一步的自信。他认为，欧战之后，国人有必要重新审视中西文化。"欧洲在此百年中，可谓在一种不自然之状态中，亦可谓在病的状态中。"西方文化的危机既已洞若观火，国人需摆脱妄自菲薄的思维，重新估定中西文化的价值。他不赞成胡适诸人一味否定中国固有文化，以为中国"百事不如人"："我们中国文化比世界各国并无逊色，那一般沉醉西风，说中国一无所有的人，自属浅薄可笑。"[②] "故我辈虽当一面尽量吸收外来之新文化，一面仍万不能妄自菲薄，

---

① 《梁启超选集》，第740页。
② 《治国学的两条大路》，载《饮冰室合集·文集》（39），第119页。

三、梁启超与欧战

蔑弃其遗产。"[①]

曾随同游欧的张君劢在题为《欧洲文化之危机及中国新文化之趋向》的讲演中说:"吾国今后新文化之方针,当由我自决,由我民族精神上自行提出要求。若谓西洋人如何,我便如何,此乃傀儡登场,此为沐猴而冠,既无所谓文,更无所谓化。"[②] 换言之,中国应当独立自主地发展本国的新文化。这同样代表了梁启超的思想。他在归国后为《改造》杂志写的发刊词中说:"同人确信中国文明实全人类极可宝贵之一部分遗产,故我国人对于先民有整顿发扬之责任,对于世界有参加贡献之责任。"[③] 发展独立的民族新文化是战后梁启超文化思想赖以展开的主线,它对新文化运动中明显存在的民族虚无主义倾向,无疑构成了有力的制衡。至于梁启超在《欧游心影录》中第一个公开宣称:自己拥护科学,但反对"科学万能"论,这是需要勇气的。它果然招致了非议,终至于爆发了著名的"科

---

① 《清代学术概论》,载《饮冰室合集·专集》(34),第78页。
② 蔡尚思主编《中国现代思想史资料简编》第二卷,浙江人民出版社1982年版,第246页。
③ 《梁启超选集》,第744页。

玄之争"。这场论争应当看成是西方反省现代性思潮在中国传播，在思想界必然引起的强烈反响。它表明，上述所说积极的制衡，同时还包含着对盲目照搬西方文化的非理性主义倾向求解放。

（三）对晚年梁启超的再认识

欧战时期正是近代中国历史的重要转变点，耐人寻味的是，它同时也为梁启超本人晚年成功转身提供了重要的历史契机。1922年初，梁启超为《申报》50年作《五十年中国进化概论》，在文中，他先指出，50年来中国思想经历了三期发展，当下的新文化运动出了一批留学归来的新人物，"所以最近两三年间，算是划出一个新时期来了"。随后，则话锋一转：辛亥后，"后起的人，一时接不上气来，所以中间这一段，倒变成了黯然无色。但我想这时代也过去了，从前的指导人物，象是已经喘过一口气，从新觉悟，从新奋斗，后方的战斗力，更是一天比一天加厚。在这种形势之

三、梁启超与欧战

下,当然有一番新气象出来"。① 这里所说的"喘过一口气","从新奋斗"与"从新觉悟"的"从前的指导人物",无疑是梁启超的夫子自道。

但他的自我评价还是比较客观的。晚年的他不仅没有倒退,而且依然站在了时代的前列,尽管他称不上是这个新时代的引领者。由于梁启超是研究系的首领,他在此期政治上的积极作用被低估了。作为真诚的爱国者,他在国家与民族面临危难之际,始终申明大义并作出了自己独有的贡献,是应当看到的;他站在反省现代性新的思想支点上,对新文化运动发挥了制衡的作用,扩大了后者的内在张力,从而助益其内涵愈趋深化。如果我们注意到,反省现代性思潮在中国的传播,实际上成为了李大钊、陈独秀诸人最终皈依马克思主义必要的思想铺垫,那么,我们对于梁启超的许多思想主张,就不应再作简单的理解了。对于这一点,似乎学界尚未认真予以关注。②

---

① 《梁启超选集》,第 837 页。
② 参见拙文:《梁启超与新文化运动》,《近代史研究》2005 年第 2 期;《从反省现代性到服膺马克思主义——李大钊、陈独秀思想新论》,《史学集刊》2010 年第 1 期。

当然,梁启超虽然对于俄国革命与社会主义思潮深表同情,但他始终难以逾越改良的范畴,这影响了他的视野,即缺乏对战后世界尤其中国社会发展更为深刻的观察与把握。例如,《欧游心影录》中《中国人之自觉》篇第四节,为《着急不得》,其中说:中国现状的改变固然要靠青年,不能指望老辈,但也不能着急,青年人"现在未曾磨炼完成,而且办交代的时候还没有到","我们现在着手的国民运动,总要打二三十年的主意,像区区这种年纪,是不指望看见成功的"。[①] 他显然低估了战后中国社会正在酝酿着的深刻巨变,因为其时正有一班年轻人已在着手创建中共,关乎中国命运开天辟地的历史话剧即将揭幕。

---

① 《饮冰室合集·专集》(23),第24页。

四、欧战后梁启超的文化自觉

梁启超欧战后于1918年12月赴欧考察,1920年3月初归国,历时一年多。同时,其《欧游心影录》于1920年3月至6月在北京的《晨报》和上海的《时事新报》上连载。梁启超的游欧及其《欧游心影录》,历来是学界观测其晚年思想变动的重要节点。近年来,许多论者一改过去简单否定的传统观点,而持积极和肯定的评价,这是可喜的现象。不过,在笔者看来,对此一历史现象的观测,尚有进一步登堂入室的空间。梁启超在《欧游心影录》中郑重揭出的"中国人之自觉"这个大题目,就是一个很好的切入点。

(一)《欧游心影录》与"中国人之自觉"命题的提出

《欧游心影录》中第一文的下篇是《中国人之自觉》。《梁启超年谱长编》强调说:"上面这几篇文章里面最要紧的是第一文的下篇——《中国人之自觉》,因为读了这篇文章可见先生思想见解转变之迹,和对于将来政治社会等问题的主张。"① "中国人之自觉",兹事体大,这个标题显然不是信手拈来,而是深思熟虑的结果。它反映了梁启超对战后中国走向的整体性思考。所以,梁启超一方面说,以上诸节"我都是信手拈来,没有什么排列组织",同时却又强调:"但我觉得我们因此反省自己从前的缺点,振奋自己往后的精神,循着这条大路,把国家挽救建设起来,决非难事。"② 说得又如此自负。毫无疑义,所谓"中国人之自觉",首先反映的是梁启超本人的"自觉"。研究梁启超晚年思想不能不关注《欧游心影录》,但是,关注此

① 《梁启超年谱长编》,第895页。
② 《饮冰室合集·专集》(23),第35页。

四、欧战后梁启超的文化自觉

文,于其"自觉"二字的深意,却不能无所措意。

梁启超是个于社会思潮变动感觉敏锐的人。辛亥革命后,民国虽立,但徒具虚名,人多彷徨,有初归自然复入樊笼之感。梁启超自海外归国不久,即深感思想界之沉闷,以社会缺乏深刻敏锐的思想为憾。1913年他在《述归国后一年来所感》中就指出:"或曰,今中国无思潮,吾不敢谓然也。然大多数人之所怀想,大率浮光掠影,无深刻锐入之思","吾无以状之,状以浮浅而已"。① 所以,他有一个愿望,能"察现今世界大势所趋","为国民谋树思想上之新基础"。② "自觉"或叫"国民自觉"概念的提出,当视为梁启超思想上渴求超越现状愈形强烈的一个重要表征。

"自觉"一词虽是"五四"前后十分流行的用语,但就梁启超而言,他在民初强调"国民自觉"这一概念,最早却是在1915年。是年,他在《敬举两质义促国民之自觉》一文中说:"凡能合群以成国且使其国卓然自树立于世界者,必其群中人具有知己知彼之明者也。若是者,无以名之,名之曰国民自觉心。"国民而

---

① 《饮冰室合集·文集》(31),第27页。
② 《五年来之教训》,载《饮冰室合集·专集》(33),第148页。

能自觉，有待国中士君子的指导，而后者"其眼光一面须深入国群之中，一面又须常超出于国群之外，此为事之所以至不易也"。① 这里，梁启超不仅指出了所谓"国民自觉"，乃是指国民了解本国与世界，并在中外对比中具有"知己知彼之明"，而不至于陷于一偏，即盲目自大或妄自菲薄；而且，还强调了这首先有赖于有识之士具备深远的世界视野。

需要特别指出的是，梁启超对"国民自觉心"的强调与他对其时欧战的关注是直接联系在一起的。他说："此次大战，予我以至剧之激刺。"② "吾侪对于此次欧战之研究，一方面可以得最秾醰之兴味，一方面可以助长极健实之国民自觉心。其不容以隔岸观火之态出之也明矣。"③ 1914年欧战初起仅旬日，梁启超即决心著《欧洲战役史论》一书，并于10日后脱稿。随后复在报上开辟《欧战蠡测》专栏，同时接受中华书局之请，编成"时局小丛书"第1辑10种出版，以助国人更好地了解欧战及时局。梁启超业已敏感到欧战将

---

① 《饮冰室合集·文集》(33)，第41页。
② 《欧洲战役史论·第二自序》，载《饮冰室合集·专集》(30)，第1页。
③ 《欧战蠡测·小叙》，载《饮冰室合集·文集》(33)，第12页。

四、欧战后梁启超的文化自觉

成为世界历史的转变点,他在《大中华发刊辞》中写道:"今也机括一弛,形势迥异畴曩。欧洲战争中或战争后,吾国必将有大变……"① 同时,在《欧战蠡测·小叙》中又写道:"自兹以往,新时代行将发生,举凡一切国家社会之组织,皆将大异乎其前……而战后之狂潮,势必且荦涌以集于我。""宜如何恐惧修省以应大变,此尤蓍作暮思所当有事。"②

1917年底,梁启超受安福系排挤,结束政治生涯。翌年,欧战告终,他在给女儿的信中说:"吾度此闲适之岁月,恰仅一年,欧战既终,逼使我不复能自逸,今当西游。"③ 这不仅反映了他游欧的急切心情,更主要是说明了,梁启超游欧绝非一时心血来潮,而是谋定而后动的一种决策。他希望通过对战后欧洲的实地考察,近距离感受西方社会文化思潮的变动,真正做到知己知彼,以便为国人的自觉,也为自己今后的道路,寻得一个新的方向。所以,是年12月27日,即登轮赴欧的前一晚上,他与几个朋友"谈了一个通宵,

---

① 《饮冰室合集·文集》(33),第81页。
② 《欧战蠡测·小叙》,载《饮冰室合集·文集》(33),第12页。
③ 《梁启超年谱长编》,第873页。

着实将从前迷梦的政治活动忏悔一番,相约以后决然舍弃,要从思想界尽些微力",并自谓"这一席话,要算我们朋辈中换了一个新生命了"。① 而好友张东荪也一再致书提醒抵欧的梁启超诸人:"公等此行不可仅注视于和会,宜广考察战后之精神上物质上一切变态,对于目前之国事不可太热心,对于较远之计画不可不熟虑……"② 梁启超除了参与和会上的折冲樽俎外,先后游历了英国、法国、比利时、荷兰、瑞士、意大利、德国,与欧洲各界名流进行了广泛接触。"吾自觉吾之意境,日在酝酿发酵中,吾之灵府必将起一绝大之革命,惟革命产儿为何物,今尚在不可知之数耳。"③足见其耳闻目睹,心得良多。现在我们知道他的所谓"革命产儿",就是《欧游心影录》中提出的"中国人之自觉"。

然而,郑振铎在《梁任公先生》一文中竟是这样说:"(欧游归国)他自己曾说起对于此行的失望,第一是外交完全失望了,他的出国的第二个目的,最重

---

① 《梁启超年谱长编》,第874页。
② 《梁启超年谱长编》,第893页。
③ 《梁启超年谱长编》,第881页。

四、欧战后梁启超的文化自觉

大的目的,已不能圆满达到;第二是他'自己学问,匆匆过了整年,一点没有长进'。在这一年中,真的,他除了未完篇的《欧游心影录》之外,别的东西一点也没有写;而到了回国以后,所著作,所讲述的仍是十几年前《新民丛报》时代,或第一期的著述时代所注意,所探究的东西,一点也没有什么新的东西产生。此可见他所自述的一年以来'一点没有长进',并不是很谦虚的话。"[1]郑振铎没有真正理解梁启超,他的判断全然不对。和会上中国外交的失败,固然令梁启超失望,但这不是他个人所能改变的,而他最早将外交失败的讯息传回国内,从而促进了五四运动的爆发,正功不可没。梁启超自谓"没长进",应视为自谦的话。《欧游心影录》内含 8 篇文章,其中尤其以《欧游中之一般观察及一般感想》上下篇,即《大战前后之欧洲》与《中国人之自觉》,内容最为重要。前者包括"人类历史的转捩""社会革命暗潮""学说影响一斑""思想之矛盾与悲观""新文明再造之前途""物质的再造及欧局现势"等 11 节;后者则包括"世界主

---

[1] 夏晓虹编《追忆梁启超》,中国广播电视出版社 1997 年版,第 82 页。

义的国家""中国不亡""阶级政治与全民政治""尽性主义""思想解放""社会主义商榷""国民运动""中国人对于世界文明之大责任"等13节。文中梁启超不仅生动报告了战后欧洲社会及思潮的变动,而且提出了"中国人之自觉",即自己关于中国何去何从的思考,这是何等重大的时代课题!一年中他是没有写别的文章,但《欧游心影录》所提出的问题与思考,发人深省,影响深远,其价值绝非多少篇文章所能相抵的。事实上,欧游成为了梁启超晚年思想变动的转捩点,《欧游心影录》也成为后人研究欧战前后中西方社会思潮变动及梁启超本人思想最重要的文献之一。以为归国后梁启超的著述都了无新意,不出《新民丛报》的范围,自然更是谬以千里了。

要言之,民初的梁启超渴望国人在思想上有所超越,而从欧战初强调要培育"国民之自觉心",到欧战后明确提出"中国人之自觉",梁启超又是如此执着地将自己的"自觉"(自然也包括他认为中国人应有的"自觉")与欧战联系在一起。因之,关注欧战,从梁氏强调的"自觉"二字切入,应是解读《欧游心影录》与梁启超归国后思想取向的一个重要视角。不过,本文仅考察欧战后梁启超的文化"自觉",而不涉及他对中国问题的整体性思考。

(二)思想的"绝大之革命":服膺反省现代性思潮

近年来论者多肯定梁启超欧游归来并未改变其学习西方与主张新文化的初衷,这是完全正确的,但是,它与梁启超自谓"吾之灵府必将起一绝大之革命"以及"自觉"云云相较,毕竟又仍显隔膜。实际上,梁启超所谓的思想"革命"与"自觉",归根结蒂,乃是指他体察了欧洲社会文化思潮的变动,并最终服膺反省现代性的思潮。

欧战作为人类第一次世界大战,惨绝人寰,创深痛巨。美国学者马文·佩里主编的《西方文明史》说:"大战给许多人留下的是绵绵不断的痛苦——西方文明已失去了它的活力,陷入了一个崩溃瓦解的低谷。""无疑,任何能允许如此毫无意义的大屠杀持续四年之久的文明已经表明它走向衰败。"①欧洲许多人因之对西方文明失去了信心,"西方没落""上帝死了",悲观的论调渐起,弥漫欧洲大陆。与此同时,出现了"理性的危机"。人们发现,"欧洲释放出来的科学和技术的威力似乎是他们不能控制的,而他们对欧洲文明所创造的稳定与安全的信仰,也只不过是幻想而已。对于理性将要驱走残存的黑暗,消除愚昧与不公正并引导社会持续前进的希望也都落了空。欧洲的知识分子觉得他们是生活在一个'破碎的世界'中"。所谓"破碎的世界",就是韦伯所谓的"理性具有的可怕的两面性":它一方面带来了科学和经济生活中的辉煌成就,但与此同时,又无情地铲除了数世纪以来的传统,将深入人心的宗教信仰斥为迷信,视人类情感为无益,"因而使生命丧失精神追求","世界失去魅力","使生命毫无意义"。人们在借理性征服自然的同时,其主体性也发生了异化,成为了理性的奴隶。因之,人感到了孤独,又出现了"人的危机"。也缘是之故,自19世纪末以来便陷入衰微的理性主义,进一步衰堕

---

① 〔美〕马文·佩里主编《西方文明史》下卷,胡万里、王世民、姜开君等译,商务印书馆1993年版,第368页。

四、欧战后梁启超的文化自觉

了。①

战后欧洲的反省存在两个取向：一是以马克思主义为代表，它从唯物论的观点出发强调所谓的"理性的危机"，说到底，无非是资产阶级"理性王国"的危机，因之消除社会危机的根本出路，应在于通过无产阶级的革命，彻底改变资本主义的社会制度，将人类社会引向更高的发展阶段。俄国十月革命的成功是此一取向的善果。二是反省现代性，它集中表现为非理性主义思潮的兴起。现代性是指自启蒙运动以来，以役使自然、追求效率为目标的系统化的理智运用过程。许多西方现代学者从唯心论出发，将问题归结为理性对人性的禁锢，因而将目光转向人的内心世界。他们更强调人的情感、意志与信仰。尼采大声疾呼"重新估定一切价值"，被认为是非理性主义思潮兴起的宣言。20世纪初以柏格森等人为代表的生命哲学，强调直觉与"生命创化"，风行一时，是此一思潮趋向高潮的重要表征。

马文·佩里认为，西方现代思想的发展经历了两

---

① 〔美〕马文·佩里主编《西方文明史》下卷，胡万里、王世民、姜开君等译，商务印书馆1993年版，第454、455、316页。

个广义的阶段：早期现代思想与后期现代思想。前者形成于启蒙运动时期，推崇理性、科学与人性善；后者则形成于19世纪末20世纪初。这是"一种新的世界观"，它令欧洲意识产生巨变："自牛顿以来就主导着西方观念的机械宇宙模式被改变了；启蒙运动关于人类理性和性善的观点遭到怀疑。"[1]后者即是非理性主义所代表的反省现代性的思潮。美国学者艾恺则以"现代化"与"反现代化"思潮的消长，来诠释这个过程。他在《世界范围内的反现代化思潮》一书中提出："现代化的精髓是理性"，它诞生于启蒙运动。但如影相随，"反现代化"的意识便同时产生了。后者与前者一样，"也是一个空前的'现代'现象。""不管这类作家的思想中相对性的观念有多深，就他们关于人类价值或对社会事实的解释而言，他们和启蒙思潮始终维持着一个共同的基底，认为全体人类在任何时代其终极目标——在实际上——是一致的；每个人都在追求基本生理、物理性需要的满足。"所以"反现代化"思潮，应视为人类在追求发展的过程中出现的与"现代

---

[1] 〔美〕马文·佩里主编《西方文明史》下卷，胡万里、王世民、姜开君等译，商务印书馆1993年版，第294页。

四、欧战后梁启超的文化自觉

化"相反相成的一种意识与取向:"是在腐蚀性的启蒙理性主义的猛烈进攻之下,针对历史衍生的诸般文化与道德价值所作的意识性防卫。"① 因之,他将欧战前后欧洲社会文化思潮的变动,诠释为"反现代化思潮"的兴起。二人的表述容有不同,但究其实质,却是相同的,即都认为19世纪末20世纪初是西方社会文化思潮发生重大变动的时期,其转捩点则在于反省现代性。

非理性主义虽不脱唯心论的范围,存在着某些非理性的倾向,但它对西方现代性的反省,仍有自己的合理性。胡秋原说:"柏格森哲学是西方文化的一种自我反省。"② 菊农在当时即著文指出:反省现代性的非理性主义,已成为西方的"现代精神"。"现代精神真是势力伟大呵!科学万能这潮流还不曾退去,形而上依然又昂首天外,恢复原有之疆域了。""在哲学方面柏格森正是现代精神的代表。"③

---

① 〔美〕艾恺:《世界范围内的反现代化思潮:论文化守成主义》,贵州人民出版社1991年版,第14、15页。
② 胡秋原:《西方文化危机与二十世纪思潮》,学术出版社1981年版,第304页。
③ 菊农:《杜里舒与现代精神》,载《东方杂志》1923年第20卷,第8号。

梁启超游欧一年,对于战后欧洲的现状是清楚的。他看到了欧洲各国面临社会革命的危机,但他显然更关注社会文化思潮的变动。他指出:欧人的最大危机在于"过信'科学万能'",缺失"安心立命的所在"。自启蒙运动以来,欧洲倡自由放任主义,政制革新,科学昌明,产业发达,受益固多,"然而社会上的祸根,就从兹而起"。这不仅是指社会贫富对立,更主要是相信优胜劣汰的社会进化论,致使崇拜势力、弱肉强食,成了天经地义;军国主义、帝国主义变成了各国最时髦的政治方针。欧战"其起源实由于此"。同时,欧人既相信"科学万能",将人的"一切内部生活外部生活,都归到物质运动的'必然法则'之下",抹杀人的情感世界、宗教信仰与意志自由,形成了一种"机械的唯物的人生观","人生还有一毫意味,人类还有一毫价值吗?"无怪乎在欧洲"全社会人心,都陷入了怀疑沉闷畏惧之中"。梁启超强调说,百年物质的进步是巨大的,但人类并没有因之得到幸福,相反却带来了许多灾难。"欧洲人做了一场科学万能的大梦,到如今却叫起科学破产来,这便是最近思潮变迁的一个关键了。"很清楚,梁启超这里所反省的正是

四、欧战后梁启超的文化自觉

理性主义,所谓"科学万能"论就是指"理性万能"论。梁启超之所以对战后的欧洲并不悲观,是因为他相信以柏格森生命哲学为代表的非理性主义的兴起,反映了欧人对于现代性的反省,正为欧洲开辟一新生面:"在哲学方面,就有人格的唯心论直觉的创化论种种新学派出来,把从前机械的唯物的人生观,拨开几重云雾。""柏格森拿科学上进化原则做个立脚点,说宇宙一切现象都是意识流转所构成。方生已灭,方灭已生,生灭相衔,便成进化。这些生灭,都是人类自由意志发动的结果。所以人类日日创造,日日进化。这'意识流转'就唤做'精神生活',是要从反省直觉得来的。""欧人经过这回创巨痛深之后,多数人的人生观因刺激而生变化,将来一定从这条路上打开一个新局面来。这是我敢断言的哩。"①

艾恺认为,梁启超所批评的"科学万能"论,也可称之为"现代化万能之梦"。他的上述著作将梁启超的思想变动置于欧洲思潮变动的大背景下考察,视野开阔。他说:"梁氏的《欧游心影录》不过是他不断

---

① 《饮冰室合集·专集》(23),第9—12、17、18页。

将西方思想对中国引介的事业的一个延长。"① 这是一个值得注意和十分重要的论断,因为它指陈了一个事实:欧游归国的梁启超仍然是一位西方文化的热心传播者,但较前不同在于,他与时俱进,皈依战后欧洲新兴的"现代思想"——反省现代性。

马克斯·韦伯指出:社会科学研究工作的进展,集中表现为人们借以认识现实的概念不断发生变化。"社会科学领域里最值得重视的进步毫无疑问与下列情况有关:文明的实际问题已经转移并具有对概念结构进行批判的形式。"② 欧战前后的世界发生了深刻的变化,欧洲社会思潮的变动说明"文明的实际问题已经转移",反省现代性恰为梁启超提供了一个全新的视角,使之得以重新审视中西文化,并对既有的"概念结构进行批判",从而形成了他自感欣慰的文化"自觉"。

---

① 〔美〕艾恺:《世界范围内的反现代化思潮:论文化守成主义》,贵州人民出版社1991年版,第154页。
② 〔法〕雷蒙·阿隆:《社会学主要思潮》,葛智强、胡秉诚、王沪宁译,上海译文出版社1988年版,第611页。

四、欧战后梁启超的文化自觉

（三）新文化主张的个性

归国后的梁启超是新文化运动的骁将，对此笔者已有专文论列[①]；这里要强调的是，因为有了反省现代性的自觉，梁启超的新文化主张突出地表现了自己的个性。

归国初，蒋百里为《改造》杂志第一期组稿事致信梁启超，主张"拟用新文化运动问题"，他说："新文化问题虽空泛，然震以为确有几种好处，现在批评精神根于自觉，吾辈对于文化运动本身可批评，是一种自觉的反省，正是标明吾辈旗帜，是向深刻一方面走的（文字上用诱导语气亦不致招人议论）。"后者复书说："第一期中坚题原议为'新文化我观'，细思略嫌空泛，且主张各不同，易招误会，似宜改择一近于具体之题……"[②] 这里有两点值得注意：《改造》半月刊前身是《改造与解放》，1919 年 9 月梁启超与张东荪、张君劢等创办于上海。创刊号问世时，梁启超等

[①] 郑师渠：《梁启超与新文化运动》，载《近代史研究》2005 年第 2 期。
[②] 《梁启超年谱长编》，第 911、912、917 页。

正游欧洲。1920年3月梁启超归国,"以名称贵省便故",更名《改造》。作为更名后第一期重头文章,宣示其基本方针,自然关系重大。原议题目"新文化我观"本身既说明梁启超诸人主张新文化,同时也说明他们对于如何发展新文化,与陈独秀、胡适诸人"主张各有不同",所以蒋百里才说"吾辈对于文化运动本身可批评"。后来原议文章因担心引起误解果然没有发表,说明梁启超有顾全大局的意识。尽管我们无法知道原议的文章具体要写什么内容,但是,从蒋百里强调吾人的批评"是一种自觉的反省,正是标明吾辈旗帜,是向深刻一方面走的"来看,其本意是求同存异,彰显欧游后愈益自觉的反省现代性的取向,应是很明显的。

尽管梁启超始终没有发表"新文化我观"一类的文章,但与其时新文化运动的主流派相较,他坚持反省现代性的视角,持论不同凡响,仍然是十分引人注目的。

其一,强调"重新估定一切价值"——新文化运动的"评判的态度",也应当适用于对待西方文化。

1919年11月,胡适发表《新思潮的意义》一文,

四、欧战后梁启超的文化自觉

以为包括陈独秀在内,时人对于新思潮即新文化运动本质的概括都不免过于笼统。他说:"据我个人的观察,新思潮的根本意义只是一种新态度。这种新态度可叫做'评判的态度'",简单来说,"只是凡事要重新分别一个好与不好"。尼采所说的"重新估定一切价值"八个字,"便是评判的态度的最好解释"。① 应当说,这是时人对新文化运动的本质或根本意义所做的最著名也是最集中、最有代表性的一种概括,在当时影响甚大。不过,从胡适所强调的此种态度含有三种"特别的要求",即对"习俗相传的制度风俗""古代遗传下来的圣贤教训""社会上糊涂公认的行为与信仰",都要问个错对;以及所列举的"只是要重新估定"价值的事例:女人小脚、鸦片、孔教、旧文学等来看,他所强调的"重新估定一切价值"的"评判的态度",主要是针对中国传统文化而言的。这与整个新文化运动主张西学、反对旧学的旨趣也是吻合的。它显然不包括西方文化在内。所以说到底,他最终强调"评判的态度""总表示对于旧有学术思想的一种不满,和对于

---

① 胡适:《胡适文存》卷四,亚东图书馆1932年版,第152、153页。

西方的精神文明的一种新觉悟"。① 所谓"不满"与"新觉悟",意即"西(西方文化)是而中(中国文化)非"。

但是,现在梁启超却对此提出了质疑,强调此种"评判的态度"作为思想解放的条件,具有普遍的意义,同样也应当适用于对待西方文化。他说:"要个性发展,必须从思想解放入手。"何谓思想解放? 就是无论何人向我说道理,我都要穷原竟委想过一番,求个真知灼见。觉得对,我便信从;觉得不对,我便反对。若奉一人的思想作金科玉律,范围人心,终将阻碍社会的进步。所以"必是将自己的思想脱掉了古代思想和并时思想的束缚",才能形成独立自由的思想。这里所谓需要摆脱的"并时思想的束缚",自然就包含了西方的某些思想在内。所以,梁启超又进而提出了思想解放必须讲究"彻底"的概念。他说:"提倡思想解放,自然靠这些可爱的青年。但我也有几句忠告的话:'既解放便须彻底,不彻底依然不算解放。'""中国旧思想的束缚固然不受,西洋新思想的束缚也是不受。""我们须知,拿孔孟程朱的话当金科玉律说他神圣不可侵

---

① 胡适:《胡适文存》卷四,亚东图书馆1932年版,第158页。

四、欧战后梁启超的文化自觉

犯,固是不该,拿马克思、易卜生的话当做金科玉律说他神圣不可侵犯,难道又是该的吗?我们又须知,现在我们所谓新思想,在欧洲许多已成陈旧,被人们驳得个水流花落。就算他果然很新,也不能说'新'便是'真'呀!"① 梁启超所谓在欧洲已成"陈旧"被人驳得"水流花落",而在中国却仍被奉若神明的"新思想",显然是指欧洲正在衰退的理性主义。稍加体察,我们不难发现,梁启超的上述言论实际上是直接对着胡适说的;尤其是他引马克思、易卜生说事,很容易使人想起胡适在与李大钊关于"主义与问题"的争论中,曾讽劝人们不应相信"主义"而被马克思牵着鼻子走,而他自己却又十分推崇易卜生,写过《易卜生主义》的长文。

应当说,自欧战起,国人对西方文化盲目崇拜的心理便渐生动摇。例如,早在1914年,《东方杂志》主编杜亚泉即著文指出:"世人愿学神仙,神仙亦须遭劫"②,西方文化显露弊病,这绝非吾人的偏见。不过,

---

① 《饮冰室合集·专集》(23),第25—26、27页。
② 杜亚泉:《大战争之所感》,载《东方杂志》第11卷第3号,1914年9月。

这些都还仅是一种观感,尚非一种理论上的自觉。而梁启超提出,思想解放须"彻底",受中国旧思想的束缚固然不对,受西洋新思想的束缚也同样是不应该的,则是进一步在观念层面上,将"重新估定一切价值"这一新文化运动所提倡的"评判的态度",即思想解放的原则进一步拓展了。这自然大有益于国人对西方求解放。稍后,张崧年有文批评胡适的《我们对于西洋近代文明的态度》中全盘肯定西洋近代文化,否定中国文化的观点,他说:"中国旧有的文明(或文化),诚然许多是应该反对的。西洋近代的文明,也不见得就全不该反对,就已达到了文明的极境,就完全满足人人的欲望。但反对有两个意思:一为反动的,一为革命的。我以为囫囵地维护或颂扬西洋近代文明,与反动地反对西洋近代文明,其价值实在差不多。我以为现代人对于西洋近代文明,宜取一种革命的相对的反对态度。"① 张崧年的所谓"革命的相对的反对态度",就是"评判的态度"。这与梁启超的思路是一脉相通的。

其二,反对"科学万能"论,强调科学与人文必

---

① 张崧年:《文明或文化》,载《东方杂志》第23卷第24号,1926年12月。

四、欧战后梁启超的文化自觉

须并重。

由于梁启超的好友张东荪、张君劢都是通晓西方哲学,后者更是研究柏格森生命哲学的专家,因此,梁启超诸人在游欧前对于西方反省现代性的思潮,实际上已经有所了解。

西方现代学者反省现代性并非反对科学,而是反对"科学万能"论(或叫"唯科学主义")无视人的精神家园,故主张科学须与人文并重。甚至美国总统威尔逊在巴黎和会上演讲也这样说:"今科学上种种发明,何一非文明所赐。然用之不当,反成了破坏文化之具。此后欲使科学与军队常受文化之羁勒,除了我们人民永远协力监视他,别无办法。"[①] 值得注意的是,梁启超麾下的报纸《学灯》在梁启超等游欧之前即已在宣传同样的观念了。《学灯》1918年9月30日刊有《本栏之提倡》,其中说:"(本刊)于西方文化,主张以科学与哲学之调和而一并输入,排斥现在流行之浅薄科学论。"所谓"现在流行之浅薄科学论",显然是指"科学万能"论,即唯科学主义。1919年1月,《新青年》

---

① 转引自梁启超:《欧游心影录》,载《饮冰室合集·专集》(23),第133页。

第6卷第1号发表陈独秀著名的《本志罪案的答辩书》,文中陈独秀强调坚决拥护"德""赛"两先生。《学灯》上有文就此评论指出:"赛先生"当含"费先生"(哲学),后者且曾是前者的先生,几十年前"赛先生"风行,"费先生"则退隐了。但欧战时世人利用"赛先生"作恶,"如今才感得这战争的苦痛,大家仍旧想去请那位费先生出来,讲个根本和平的办法。因为费先生是很可以帮助赛先生达他的目的。并且人类应该有一种高尚的生活,是全靠费先生来创造的。总之,前数十年是赛先生专权的时代,现在是赛先生和费先生共和的时代。这是欧美一般赛先生和费先生的门生所公认的。何以贵志只拥护赛先生,而不提及费先生呢?记者所以有此疑问了"。① 作者无疑是在批评陈独秀未能注意欧洲现代思潮的变动。但是,尽管如此,将西方反省现代性思潮以十分尖锐的形式引进国内,并产生广泛的影响,终究还当归功于梁启超关于欧洲人"科学万能的大梦破产"之鲜明而有力的概括。胡适曾说,自从梁启超发表了《欧游心影录》,"科学破产"的谣

---

① 梁启超:《读〈新青年〉杂志第六卷一号杂评》,载《学灯》,1919年3月15日。

四、欧战后梁启超的文化自觉

言就像野火一样蔓延开去了。此话从反面理解，就恰恰说明了这一点。

梁启超对"科学万能"论的批评虽始于《欧游心影录》，但其观点真正发生深刻的影响，还是在1923年发生的著名的"科玄之争"时期。胡适后来为《科学与人生观》一书作序时，曾叹喟道："我常想，假如当日我们用了梁任公先生的《科学万能之梦》一篇作讨论的基础，我们定可以使这次论争的旗帜格外鲜明，——至少可以免去许多无谓的纷争。"[①] 也反映了这一点。长期以来人们多将这场论争误解为科学与反科学之争，实则，它是欧战后反省现代性思潮在中国思想界激起的最初的深刻反响。虽然梁启超真正只写过一篇讨论文章，但却被公认是一方主帅。他认为，张君劢在清华学校作"人生观"的演讲，固然有不恰当夸大了直觉与自由意志的不足，丁文江的批评强调"人生观不能和科学分家"，也自有一定的合理性，但是，"在君过信科学万能，正和君劢之轻蔑科学同一错误"。后者认为科学将来可以统一人生观，这是不可能的。

---

① 胡适：《〈科学与人生观〉序》，转引自蔡尚思主编《中国现代思想史资料简编》第2卷，浙江人民出版社1982年版，第111页。

"人生观的统一,非惟不可能,而且不必要;非惟不必要,而且有害。"梁启超强调科学的功能是有限的,不是万能的。"人类生活,固然离不了理智,但不能说理智包括尽人类生活的全内容。"人类生活中极重要的部分是"情感"。情感的表达十分复杂,往往带有神秘性。如"爱"与"美",就很难说全理性的。讲"科学的爱"不可思议,以点线面测"美",同样荒唐。所以他断言,"科学帝国"的版图和威权无论扩大到什么程度,"爱"与"美"都将有自己独立的地位。[1]梁启超并不轻视科学,但他不相信科学万能,更不相信人类的价值理性与人文的精神会失去自己的意义。后来他在《自鉴序》中进一步写道:"我虽不懂自然科学,但向来也好用科学方法做学问,所以非科学的论调,我们当然不敢赞同。虽然,强把科玄分而为二,认为绝不相容,且要把玄学排斥到人类智识以外,那么我们也不能不提出抗议了。"[2]在梁启超看来,科学与人文同属人类的智识,二者应该是统一的,而不是对立的。独尊科学而排斥人文是有害的。他认为欧洲出现的社

---

[1]《梁启超选集》,第845页。
[2]《饮冰室合集·文集》(41),第1页。

四、欧战后梁启超的文化自觉

会危机在很大程度上盖源于此。他的全部意见容有可商,但上述的观点却必须承认是正确的。

"科玄之争"中双方争论的焦点实在于工具理性与价值理性的分歧。由于其时中国贫穷落后,渴望发展科学以实现民族自强是时代的主流趋向。也唯其如此,欧战前后的西方已在反省现代性,中国的许多新文化运动的主持者却依然对"科学万能"论情有独钟,于西方现代思潮的重大变动无所措意。陈独秀说,论争就是要"证明科学之威权是万能的"。[①] 激烈的邓中夏甚至干脆宣布哲学业已"寿终正寝",由科学统一了天下,所以现在就应当最终废除哲学这个名词。他说:"自从各种自然科学和社会科学发达之后,哲学的地位,已经被这些科学取而代之了。哲学的所谓本体论部分——形而上学,玄学鬼群众藏身之所——已被科学直接的或间接的打得烟消灰灭了。现今所残留而颇能立足的方法论部分,都是披上了科学的花衣,或是受过了科学的洗礼……所以我的意思,哲学已是'寿终正寝',索性把哲学这一个名辞根本废除,免得玄

---

① 陈独秀:《答适之》,转引自胡适《胡适文存二集》卷二,亚东图书馆1932年版。

学鬼像社鼠城狐一样，有所凭借，有所依据。"① 胡适是学哲学的，但对于西方反省现代性思潮却也同样显得很隔膜。他将柏格森等西方现代学者对理性主义的反驳，说成无非是"几个反动的哲学家，平素饱餍了科学的滋味，偶尔对科学发几句牢骚话，就像富贵人家吃厌了鱼肉，常想尝尝咸菜豆腐的风味"罢了。② 尽管唯科学主义的负面影响在其时的中国尚不明显，但事实毕竟业已证明，人类对"科学万能"的幻想和对人文的漠视，其后果是严重的。竺可桢曾在《科学与社会》一文中反省西方出现的"科学万能的观念"，他说："目前的困难，在于人类能假手于近代科学以驾驭环境，但却不能驾驭人类自己，这就是人类的最大危机。这种危机在第一次欧洲大战以前已存在着。"欧战后人类仍不能解决此问题，"第二次世界大战因之不能避免了"。因之，他强调在科学昌明之后，人类必须树立新道德标准加以规范，"不然，则人类必趋于

---

① 邓中夏：《思想界的联合战线问题》，转引自蔡尚思主编《中国现代思想史资料简编》第二卷，浙江人民出版社1982年版，第177页。
② 胡适：《〈科学与人生观〉序》，转引自蔡尚思主编《中国现代思想史资料简编》第二卷，浙江人民出版社1982年版，第110页。

四、欧战后梁启超的文化自觉

玉石俱焚,同归于尽之一途"。[①] 应当说,在这一点上,梁启超的识见是超迈了陈独秀、胡适诸人的。[②]

1959年,英国学者斯诺针对科学家与人文学者因关于文化的基本理念和价值判断经常处于互相对立的位置,且彼此难以沟通,提出了著名的"两种文化"的概念。实际上,随着现代性的发展,"两种文化"早就存在了。"科玄之争"既是反省现代性思潮在中国激起的最初反响,同时,也可看成是"两种文化"在中国的彰显和引起的一场论争。中国科学院自然科学史研究所所长刘钝研究员认为,"科玄之争"中双方的主将都受过西方学术思潮的熏陶,论战的焦点可以归结为工具理性和价值理性的冲突,决定论与自由意志的是非,以及实证主义与人文主义的分歧。因之"称得上是'斯诺命题'的一个典型案例"。这场论战意义重大:"对于巩固新文化运动的胜利果实和塑造更具前瞻

---

① 竺可桢:《竺可桢文录》,浙江文艺出版社1999年版,第58、59、60页。

② 后来胡适在《五十年来之世界哲学》中注意到了西方现代思潮的变动:"科学家的流弊往往在于信仰理智太过了,容易偏向极端的理智主义,而忽略那同样重要的意志和情感的部分。所以在思想史上,往往理智的颂赞正在高唱的时候,便有反理智主义的喊声起来了。……法国的哲学家柏格森也提出一种很高的反理智主义的抗议。"(《胡适文存二集》卷一,亚东图书馆1932年版,第272页)

性的文化形态具有重大意义。可惜由于意识形态的介入和政治局面的动荡,后一目标未能实现。"① 此一见解是客观的。作为中国科学社的董事,梁启超始终都是科学的坚定信仰者;但他较许多人更早地意识到了反省现代性的时代意义,因之他主张科学却坚决反对"唯科学主义"的"科学万能"论,并大声疾呼关注人类的精神家园,科学与人文必须并重。梁启超见解之富有前瞻性,是显而易见的。刘钝先生认为梁启超主张的实质,在于试图为中国"塑造更具前瞻性的文化形态"。所谓"更具前瞻性的文化形态",就是在反省现代性的基础上,实现科学与人文并重、融合的文化。这一目标在当时虽然未能实现,但梁启超毅然提出此一目标并引发了影响深远的"科玄之争",不仅表现出了可贵的求真精神与勇气,而且对于开拓时人的思维空间,厥功甚伟。

其三,"吾国人今后新文化之方针,当由我自决"。随梁启超游欧的张君劢归国后,曾在中华教育改进会发表题为《欧洲文化之危机及中国新文化之趋向》

---

① 刘钝、方在庆:《"两种文化":"冷战"坚冰何时打破?》,载《中华读书报》2002年2月6日,第24版"科技视野·科学内外"。

四、欧战后梁启超的文化自觉

的讲演，他说："吾国今后新文化之方针，当由我自决，由我民族精神上自行提出要求。若谓西洋人如何，我便如何，此乃傀儡登场，此为沐猴而冠，既无所谓文，更无所谓化。"张君劢不否认继续引进西方文化的重要性，但强调"尽量输入，与批评其得失，应同时并行"。① 这就是说，中国应当独立自主地发展本国的新文化。这也可以说是梁启超诸人共同的指针。何谓"当由我自决"，独立自主？梁启超归国后在为《改造》杂志写的发刊词中明确写道："同人确信中国文明实全人类极可宝贵之一部分遗产，故我国人对于先民有整顿发扬之责任，对于世界有参加贡献之责任。"② 这可以看成战后梁启超文化思想赖以展开的主线。

欧游后的梁启超强调应当重新审视中西文化，后者的危机既已洞若观火，国人于前者则需摆脱妄自菲薄的思维，重新估定其价值。他不赞成一味否定中国固有文化，如胡适所言，以为"百事不如人"："我们中国文化比世界各国并无逊色，那一般沉醉西风，说

---

① 蔡尚思主编《中国现代思想史资料简编》第二卷，浙江人民出版社1982年版，第246页。
② 《〈改造〉发刊词》，载《梁启超选集》，第744页。

中国一无所有的人，自属浅薄可笑。"① 他强调，中国文化虽然在16世纪后逐渐落后了，但它至今仍不失自己独立的地位。"故我辈虽当一面尽量吸收外来之新文化，一面仍万不能妄自菲薄，蔑弃其遗产。"②

梁启超与胡适都主张整理国故，但彼此的出发点却有积极与消极的不同。胡适等人强调，国故就是国渣，整理国故"不是为了挤香水"，而是为了"打鬼"，最终证明"古文化不过如此"。③ 他强调整理国故的目的，是为了打破人们对旧文化的迷信。梁启超则不同，他明快地强调，整理国故之目的就是在于光大传统，助益世界。他说：中国历史文化好似蕴藏极为丰富的矿山，从前都是用土法开采，"今日若能用科学方法重新整理，便像机器采掘一样，定能辟出种种新境界，而且对于全人类文化，有很大的贡献"。④ 我们不能简单地以为此乃文化保守主义者应有之义，而要看

---

① 《治国学的两条大路》，载《饮冰室合集·文集》(39)，第119页。
② 《清代学术概论》，载《饮冰室合集·专集》(34)，第78页。
③ 胡适：《致钱玄同》，转引自耿云志、欧阳哲生编《胡适书信集》上，北京大学出版社1996年版，第360、361页。
④ 《我对于女子高等教育希望特别注重的几种学科》，载《饮冰室合集·文集》(38)，第5页。

四、欧战后梁启超的文化自觉

到,这表明梁启超从反省现代性出发,对中国文化现代意义之认识已跃升到了一个新的境界。1920年11月,他在讲学社欢迎罗素的会上致辞说:因中国社会后进,故"欧洲先进国走错的路,都看得出来了"。欧洲积重难返,而中国恰似一张白纸,易于作各种试验。"从这一点看来,我们的文化运动,不光是对于本国自己的责任,实在是对于世界人种的一种责任。"[①] 将中国文化运动放在世界范围内考察,梁启超就不仅仅看到了学习西方发展中国新文化的责任,而且强烈意识到中国文化运动还应当,同时也可以,为世界作出贡献。这是由中国文化独具特色所决定的。他认为,人生哲学之发达是中国文化的特色。西方科学确有过人处,非我所及,但科学并不能解决全部的人生德行。西方现代理性主义与非理性主义思潮的消长,固然可喜,但后者与中国儒家人生哲学相比,也仍嫌幼稚。他写了《先秦政治思想史》一书,在结论部分更系统阐述了自己的观点。他认为,西方现代社会的诸多弊端,归根结底,是两大突出问题:其一,"精神生活与物质

---

① 梁启超:《讲学社欢迎罗素之盛会》,载《晨报》1920年11月10日,第3版。

生活调和问题";其二,"个性与社会性调和问题"。"吾确信此两问题者非得合理的调和,未由拨现代人生之黑暗痛苦以致诸高明"。在他看来,儒家人生哲学中的"均安主义",有助于人们在"现代科学昌明的物质状态下",摆脱物质生活的畸形,"不至以物质生活问题之纠纷,妨害精神生活之向上"。同时,儒家"欲立立人,欲达达人","能尽其性则能尽人之性"的思想,也有助于化解现代社会个性与社会性的冲突,"使个性中心之'仁的社会'能与时势骈进而时时实现"。①人们尽可以批评梁启超上述的见解存在拔高儒家文化之嫌,但我们却必须承认这绝非是源于传统思维的一种虚骄。只须看看至今已有越来越多的中外有识之士,如何强调中华的"和合"文化将有益于现代世界的稳定与和谐,梁启超见解之富有反省现代性之合理性和表现了难能可贵的前瞻性,就是无可怀疑的了。

与此同时,梁启超还提出了两个重要的论点,似至今不曾引起人们应有的重视。一是"文化力"。他说:国家的存在就是要"把这国家以内一群人的文化力聚

---

① 《先秦政治思想史》,载《梁启超选集》,第849、850页。

四、欧战后梁启超的文化自觉

拢起来，继续起来，增长起来"①，去助益全人类。这即是说，文化是一种国力，发展文化，增强文化国力，是国家责无旁贷的重要责任。人所共知，将文化视为一种综合国力，是近年在全球化视野下才提出的一种新的概念。梁启超在上世纪初提出"文化力"的概念，显然已是接近了当今的理解，具有重要的现代意义，是十分难能可贵的。此种识见不仅进一步提升了文化的重要性，而且彰显了文化民族主义的情怀。二是"青年无望，则国家的文化便破产了"。②梁启超同样寄希望于新青年，但何为有望青年？在他看来，青年须熟悉热爱中国固有文化，才不至于和中华民族的"共同意识生隔阂"，作为中国人才能"得着根柢"。他对清华学校的毕业生说：大家归国后对于中国文化有无贡献，"便是诸君功罪的标准"。任你学成一位天字第一号形神毕肖的美国学者，只怕于中国文化没有多少影响。如果这样便有影响，我们径直引进百来位蓝眼睛的美国大博士来便够了，又何必诸君呢？"诸君须要牢牢记着，你不是美国学生，是中国留学生。如何才

---

① 《欧游心影录》，载《饮冰室合集·专集》(23)，第35页。
② 《清华研究院茶话会演说辞》，载《饮冰室合集·文集》(43)，第8页。

配叫做中国留学生，请你自己打主意罢。"①梁启超眼中的有为青年，是立志弘扬民族文化的优秀青年，这与陈独秀诸人的取向不尽相同，其独立的意义是不容置疑的。梁启超寄希望于青年，他知道引导青年最有效的途径是教育，所以他又不辞劳苦，风尘仆仆地奔走于大江南北各大学，讲授国学与人生。作为一个资深的爱国者，其用心可谓良苦。

至此，我们看到，梁启超独立自主发展民族新文化的思想主张在其展开的过程中，显示了以下的理路：借鉴西学，整理国故；教育青年，创新传统；回报先民，贡献世界。

从倡言将"评判的态度"同样运用于西方文化，到反对"科学万能"论，主张科学与人文并重，再到主张独立自主发展民族新文化，梁启超为"五四"后新文化运动带来了新风。胡适初自美国归来，曾豪迈地说：我们回来了，情况自有不同。梁启超欧游归来没有这样的豪言壮语，甚至也没有"新文化我观"之类的话，但人们却是看到了，缘于反省现代性新的视

---

① 《治国学杂话》，载《饮冰室合集·专集》(71)，第26、27页。

野，其思想主张不同凡响，确乎大大地丰富了新文化的内涵。

（四）文化自觉：战后国人思想解放的一个重要向度

梁漱溟在梁启超逝世后曾这样评价说："总论任公先生一生成就，不在学术，不在事功，独在他迎接新世运，开出新潮流，撼动全国人心，达成历史上中国社会应有之一段转变。""任公的特异处，在感应敏速，而能发皇于外，传达给人。他对各种不同的思想学术极能吸收，最善发挥。"① 这是十分传神的概括。梁启超不仅于欧战前就预见到了此次战争将是人类历史的转捩点，对世界与中国都将产生深远的影响，而且于大战甫告结束，即毅然赴欧考察，并发表《欧游心影录》，揭出"中国人之自觉"这一时代的大课题，将自己的感想"发皇于外"，于晚年再次显示了他"迎接新世运，开出新潮流"的独特魅力。

---

① 梁漱溟：《纪念梁启超先生》，载《我生有涯愿无尽：梁漱溟自述文录》，中国人民大学出版社2004年版，第299、297页。

20世纪初的中西方都面临着一个反省的时代。正当国人热衷于"以西学反对中学"的时候，却发现西方文化也正面临着自己的危机。"欧洲文化既陷于危机，则中国今后新文化之方针应该如何呢？默守旧文化呢？还是将欧洲文化之经过之老文章抄一遍再说呢？"①从总体上看，时人的回应主要有两个取向：一是以李大钊为代表，主张马克思主义。如毛泽东所说：近代中国人学习西方不仅没有效，且先生老是侵略学生，时间长了，怀疑便产生了。十月革命一声炮响，给中国送来了马克思主义，由是中国人转而"以俄为师"，思想上也由"被动"转为"主动"，从此中国革命的面貌便焕然一新。二是以梁启超为代表，主张新文化的发展"当由我自决"。他刚归国便在中国公学发表演讲指出，中国近代学习西方所以"不能成功"，是因为所效法的西方文化长期以来便是处在一种"病的状态中"。自谓游欧最大收获"即将悲观之观念完全扫清是已。因此精神得以振作，换言之，即将暮气一

---

① 张君劢：《欧洲文化之危机及中国新文化之趋向》，转引自蔡尚思主编《中国现代思想史资料简编》第二卷，浙江人民出版社1982年版，第242、243页。

四、欧战后梁启超的文化自觉

扫而空",思想上也由"消极变为积极"。[①] 二者有着重要的共同点:都表现为对西方求解放的一种自觉,都表现了一种豁然开朗、积极、乐观、自信的心境与愉悦。同时,又都将近代国人"向西方追求真理"的事业,提升到了一个新的境界:它们显然分别师承了西方现代思潮变动的两个维度:马克思主义的制度性批判与自由主义的现代性反省。这是耐人寻味的。它说明,"五四"前后国人的思想解放与民族自觉,其内涵实较传统的认识要远为宏富。尽管二者对于中国社会的影响不能等量齐观,但是梁启超强调思想解放必须求"彻底"性,即主张将理性批判的原则同样运用于对西方文化的借鉴,这不仅有力地深化了"五四"新文化,而且事实上也为马克思主义在中国的传播提供了助力。这是应当看到的。

吴大猷先生在庆祝北京大学百年校庆时指出:新文化运动的历史功绩毋庸置疑,但于历史进程中曾经出现过的"反传统"风潮,"也要有真切反省的能力"。他认为,对于经历苦难、四分五裂的旧中国来说,"要

---

① 《梁启超选集》,第738、740页。

其站起来，重新发出，必须先从恢复这个民族的自信心与自尊心着手"。因之，"重建中国文化主体意识"是最为重要的。① 这是至理名言。梁启超力挽狂澜，指斥说，将西学说成是中国固有的顽固派，诚然可笑，但"沉醉西风"者将中国说成一钱不值，岂非更加可笑！他希望青年人"第一步，要人人存一个尊重爱护本国文化的诚意"②；并断言，中国虽云落后，"然则中国在全人类文化史中尚能占一位置耶？曰：能！"③ 他主张对于外来文化"尽量输入"，但要避免形式主义的完全照搬，"评判的态度"不可缺失，如此等等，足见梁启超以复兴中华文化为己任，其文化自觉，归根结底，是反映了国人文化主体意识的觉醒。这与其时中国民族独立运动的高涨也是相吻合的。

《欧游心影录》中之《中国人之自觉》一篇，共13节，首节标题"世界主义的国家"，末节标题则是"中国人对于世界文明之大责任"。此种精心的谋篇布局

---

① 吴大猷:《弘扬民主、科学与爱国主义》，载《光明日报》1998年6月6日。
② 《欧游心影录》，载《饮冰室合集·专集》(23)，第37页。
③ 《先秦政治思想史》，载《饮冰室合集·专集》(50)，第1页。

四、欧战后梁启超的文化自觉

本身即有力地说明了梁启超的文化自觉与传统的盲目虚骄无涉,相反,充分体现了世界主义视野下的文化思考。缘于反省现代性,梁启超不仅坚持反对"科学万能"论,主张科学与人文并重,从而为国人提示了避免西方业已出现的"两种文化"对立,发展更富有前瞻性的文化的方向,更主要的是,他指出以崇尚和谐为特色的中国文化,将有助于现代社会最终走出物质与精神分离、个性与社会性冲突的困境,这无疑更将国人对于中国文化的思考提升到了新的境界。胡秋原先生在谈到五四时期的文化讨论时说:"我们也不可低估当时中国人在智慧上的远见。中国人当时在西方人之前,由文化问题考虑中国乃至于世界问题。"[①] 梁启超的上述思考,应当说就是属于胡先生所说的"当时中国人在智慧上的远见"。

有趣的是,费孝通先生也有专文论及"文化自觉",他写道:

> 文化自觉只是指生活在一定文化中的人对其

---

① 胡秋原:《评介〈五四运动史〉》,转引自周阳山编《五四与中国》,时报文化出版企业股份有限公司1988年版,第252页。

文化有"自知之明",明白它的来历,形成过程,所具的特色和它发展的趋向,不带任何"文化回归"的意思,不是要"复旧",同时也不主张"全盘西化"或"全盘他化"。自知之明是为了加强对文化转型的自主能力,取得决定适应新环境、新时代时文化选择的自主地位。

文化自觉是一个艰巨的过程,首先要认识自己的文化,理解所接触到的多种文化,才有条件在这个已经在形成中的多元文化的世界里确立自己的位置,经过自主的适应,和其他文化一起,取长补短,共同建立一个有共同认可的基本秩序和一套各种文化能和平共处,各舒其长,联手发展的共处守则。[①]

对于文化自觉,梁启超自然不可能达到如此深刻与全面的认识,但是,二者毕竟有许多相通之处:其一,都提出了文化"自觉"的概念,并强调自觉就是"具有知己知彼之明"或"自知之明"。既须了解本国文化,

---

① 费孝通:《反思·对话·文化自觉》,载《北京大学学报》(哲学社会科学版),1997年第3期。

又须常超出于国群之外,具有世界的眼光。其二,都主张既不应"复旧",也不应"全盘西化",而强调"吾国今后新文化之方针,当由我自决",即强调"文化选择中的自主地位"。其三,都主张各国多元文化互补,共同助益于全人类。由此可见,梁启超的文化自觉包含怎样的合理性与前瞻性。

文化自觉既如费孝通先生所说,"是一个艰巨的过程",梁启超的文化自觉仍不免有自己的局限,就是毫不足奇的了。例如,他看不到马克思主义在中国传播的必然性与重要性,就说明他对中国问题与西方思潮变动的认识,还很肤浅。他看到了儒家文化中包含着有益于现代社会的合理内核,因而强调研究儒家哲学不能算逆潮流而动,这是对的;但他赞美儒家是"最美妙的人生观",以为可以移植到现代社会,又不免失之简单化。如此等等。然而,尽管如此,这并不影响我们肯定欧战后梁启超的文化自觉代表其时国人思想解放的一个重要的向度。

主要参考文献

［1］ 艾恺.世界范围内的反现代化思潮:论文化守成主义［M］.贵阳:贵州人民出版社,1991.

［2］ 罗素.西方哲学史:上卷[M].何兆武,李约瑟,译.北京:商务印书馆,1963.

［3］ 梁启超.饮冰室合集[M].北京:中华书局,1989.

［4］ 丁文江,赵丰田.梁启超年谱长编［M］.上海:上海人民出版社,1983.

［5］ 李华兴,吴嘉勋.梁启超选集[M].上海:上海人民出版社,1984.

［6］ 张枬,王忍之.辛亥革命前十年间时论选集:第一卷下册［M］.北京:生活·读书·新知三联书店,1960.

［7］ 章太炎.章太炎全集［M］.上海:上海人民出版

社，1985.

[8] 郑师渠.梁启超的爱国论［J］.河北学刊，2005（4）.

[9] 斯特罗姆伯格.西洋思想史［M］.李小群，宋绍远，译.台北：五南图书出版公司，1990.

[10] 李宏图.西欧近代民族主义思潮研究［D］.上海：华东师范大学，1993.

[11] 夏晓虹.追忆梁启超［M］.北京：中国广播电视出版社，1997.

[12] 汤志钧.康有为政论集：上册[M].北京：中华书局，1981.

[13] 严复.严复集［M］.北京：中华书局，1986.

[14] 李喜所,元青.梁启超传[M].北京：人民出版社，1993.

[15] 郑师渠.梁启超与新文化运动［J］.近代史研究，2005（2）.

[16] 陈独秀.独秀文存［M］.合肥：安徽人民出版社，1987.

[17] 耿云志,欧阳哲生.胡适书信集：上［M］.北京：北京大学出版社，1996.

[18] 陈独秀.陈独秀文章选编:上[M].北京:生活·读书·新知三联书店,1984.

[19] 高平叔.蔡元培全集:第二卷[M].北京:中华书局,1984.

[20] 恽代英.恽代英文集:上卷[M].北京:人民出版社,1984.

[21] 张君劢,等.科学与人生观[M].合肥:黄山书社,2008.

[22] 蔡尚思.中国现代思想史资料简编:第二卷[M].杭州:浙江人民出版社,1982.

[23] 郑师渠.从反省现代性到服膺马克思主义——李大钊、陈独秀思想新论[J].史学集刊,2010(1).

[24] 佩里.西方文明史:下卷[M].胡万里,王世民,姜开君,等译.北京:商务印书馆,1993.

[25] 胡秋原.西方文化危机与二十世纪思潮[M].台北:学术出版社,1981.

[26] 阿隆.社会学主要思潮[M].葛智强,胡秉诚,王沪宁,译.上海:上海译文出版社,1988.

[27] 胡适.胡适文存:卷四[M].上海:亚东图书

馆，1932.

[28] 胡适.胡适文存二集：卷二[M].上海：亚东图书馆，1932.

[29] 竺可桢.竺可桢文录[M].杭州：浙江文艺出版社，1999.

[30] 胡适.胡适文存二集：卷一[M].上海：亚东图书馆，1932.

[31] 梁漱溟.我生有涯愿无尽：梁漱溟自述文录[M].北京：中国人民大学出版社，2004.

[32] 周阳山.五四与中国[M].台北：时报文化出版企业股份有限公司，1988.